you
lonely

lost
love

you
lonely

lost
love

諮商心理師
許皓宜 著

如果，愛能不寂寞

suncolor 三采文化

Contents

Chapter II
愛別離
還愛著你，為什麼，你想離開我？

Contents

Chapter IV 心失事後の甦醒

從「我和我」到「你和我」

序——我在愛情中拯救失望

某年的七夕情人節，另一半在袖口裡夾帶著一朵玫瑰花。一進門，就給我「驚喜！」相處多年依舊如此，還是令人感動不已。

然而，情人節的好時光只維持了片刻，稍晚，因為莫名小事我們起了爭執，那玫瑰就這樣被遺忘一夜，曝露在空氣中乾渴枯去。

隔天，對另一半的惱怒已不如昨晚來得劇烈，我才注意到被晾在一旁的玫瑰花，她已是一副要魂歸西天的模樣。我趕忙把花插進水裡，想救她，等了半天卻沒有絲毫起色。當下，我頹喪地像個失去母親乳房的孩子，心裡的某個角落被逐漸靠攏的雲層給填滿，漾起陣陣水氣。

突然，一個聲音從大腦傳來：「玫瑰花的重要性怎可與乳房比擬呢？」

於是，我開始專注在這句話所傳遞的訊息。然後發現，原來那個漫著霧氣的角落，居然盛滿自己對愛的記憶與哀悼，以及對情感逝去的恐懼。某些總是儲存在未知潛意識當中的經驗法則（通常是過去的失敗經驗），在時間的行進中，被我們每天所經歷的新事件給活化、引發、觸動。就在不知何時的某一刻，心靈的警鈴大響，讓我們變得無法控制自己的所感、所想、所為——特別是在情愛和婚姻關係中。

我們在常人面前往往是個淑女君子，在愛情關係裡卻成了怨女瘋子。儘管大腦每天在訴說著：「不要這樣！不要重複這樣！」負向思考的心魔卻老是比正念更容易進駐心底。「是的，玫瑰花之於現在的我，就彷彿乳房之於嬰兒的我。」我開始和大腦裡那個聲音對話，聆聽自己內在沮喪的告白（你或許明白，無聲的自言自語本身也具有一種覺察和療癒的功能）。

我突然想起：在嬰兒的世界裡，當乳房遠去，他們就哭泣地如同死亡將至般焦慮，除了肚子餓之外，更害怕失去乳房所伴隨的母親的愛——就像當玫瑰花逐漸枯去的當下，我是否也同步地幻想了愛情的嬌弱、無能與逝去呢？

於是，醒悟的思緒像灌注心底的甘泉般，喚醒身心通道間潛藏的力量，讓我脫離了嬰兒般的無助狀態，注意到現下時空中靈活有力的手腳（開玩笑，結婚後所增加的體重可是紮紮實實的）。我明白此時此刻的自己並不嬌弱、也不無能，但我承認自己確實遇上了挫敗感——正如同這一段婚姻、上一段感情，還有再上一段感情……

在失而復得的現實感中，我拿起枯萎的玫瑰花與刀剪，削落一截她下端的莖脈，拔掉幾片乾扁散開的花瓣，最後怕她嬌貴怕熱，還放到窗邊吹吹冷風。我其實沒有半點培植植物的常識，當時的所作所為，全憑心裡升起的一種追尋愛的本能。

傍晚下班，接了小孩回到家。一打亮燈，赫見玫瑰的莖脈重現英挺，原本虛弱的花瓣彷彿吸足真氣，向上迎接空氣中飽滿的養分。

「媽媽，她活了耶！哇，好漂亮喔！」女兒在旁邊興奮地大叫。

內心也因此激動不已的我，趁著另一半回家，趕緊拿出救活的玫瑰花向他獻寶（是的，那時已經忘記我們先前在吵什麼了）。

「哇，我看妳傳來的照片，還以為是假花耶！」他一邊對這份「奇蹟」驚呼，一邊又從身後拿出另一朵玫瑰花。

我很感動，真的。

但這次的玫瑰花，他不小心放在袋子裡壓扁了。

於是，我又開始另一個救命的歷程……

愛情之於玫瑰花的生與死，恰好令人想起那句話：「問世間情為何物，直叫人生死相許。」這句傳誦佳言讀來多麼淒美，但每每聽見，我都想把「死」放到「生」之前，改成「死生相許」。

為什麼呢？

若讓我用心理學來重新詮釋這句話，愛情裡的「死生」，並不只談生命的誕生或死去，我更喜歡將「死」、「生」這兩個字，看成「破壞」與「延續」。正如同我們看待愛情，總希望它能長長久久、延續不斷，這是盼望「生存」的力量；但就是這種期待，讓我們忽略了內心深處其實也存在著「破壞」的欲望。

在心理學家的解釋中，這種「破壞」的衝動並不真是要讓自己全然地死去或滅絕，而是人的內在總有一種深刻的渴望，要將自己留在求生不得、求死不能的矛盾狀態中，才能體驗於痛苦中尋求快樂的生命張力。

猜猜看，讓我們體驗這種心理矛盾狀態的最佳場域會是哪裡？——是的，正是當青春初來乍到，我們遇上一個人，然後狠狠擦出愛火的時候。

所以愛情的本質並非全是美麗——或者我該說，愛情之路即使從美麗的風景開始，到頭來，仍會穿越內心深處充滿死生矛盾的不毛之地，沿途自然充滿槍林彈雨的陷阱。但當實際走過一遭，我們才發現：原來最美的愛情，便是讓我們認識那些既原始又真實的、既狂熱又強烈的潘朵拉欲望，並且學習，找到這些衝動能夠在生命中安住、甚至發光發亮的地方。

你說，愛情的過程如此，怎能讓人不感到又愛、又怕？又想靠近，又忍不住退卻、甚至放棄呢？

也許你曾經和我一樣，在愛情中感到退卻與害怕，在放棄一段關係的回憶裡承載著許多生命遺憾的過往。

但你是否想過：也許我們當中有許多人，曾經在背地裡偷偷查詢過往情人的現況？（也許在天涯的某個角落，你的名字正被某人在網路上搜尋著）。

不管現在的我們，是愛與不愛、幸與不幸，是否總有一些人會偶然浮現在心頭？某些年代久遠的電話號碼（或者該說call機號碼、郵件信箱），是否曾在一瞬間，不經意地被你脫口背誦出來了？

在路邊的那個角落，會不會不期而遇一個曾經熟悉的身影？

是否，你也在心裡悄悄地問過：「那些過去的曾經，你們都好嗎？」

如果——我只是說如果——我們還能再見一面，那些曾經愛著、恨著、妒忌著、悔恨著的一切……今時今日是否都不一樣了？

我們之間的那些愉快和不愉快，還能有改變的一天嗎？

是的，曾經走過的，即使最後分離，都已經在彼此生命刻下痕跡了；否認那些過去的生命足跡，就像否定了某部分的自己，太可惜了。

拾起過去的青春與愛，不是為了念念不忘，是為了讓也許還在困惑、感嘆、遺憾的自己，從愛的禁錮中釋放出來。

也許過去我不曾有足夠的時間來認識你，但我願意重新認識記憶中的你，和我自己。
謝謝曾經愛過我的你，也謝謝曾經愛過你的我。然後，我們終於明白：原來，失去了你，我才明白如何擁有真正的自己。

當我們如此，生命將誕生更多行進的力量。

you

lost

Chapter I

愛之初の玻璃心

擁有，原來不只是幸福。

love

我們，曾經為愛而生，也因愛而滅。
那些得不到的遺憾，所衍生的陰影，
提醒了你：
原來，愛的需索，
不過是想找一個讓自己相信
「我值得被愛」的守護神。

lonely

myself

因缺乏而渴望的愛，留不住。

“
「在某個不經意的瞬間，你會發現，
原本費盡心機想要忘記的事情，
真的就那麼忘記了。」

——《我的藍莓夜》”

活在世界上，我們心裡總有些自己難以察覺的「陰影」。

我曾經用「鬼影子」來形容這些附著在我們心底暗處的影像——你可以這麼想像：那是你從小到大，停留在某一時期的記憶，是你還沒有活夠的自己。

那裡頭有你曾經的深深渴望，也有你以為已經遺忘、卻從來不曾抹滅的回憶。

像一幕幕定格的影像般，在心底深刻地停留，盤旋不去。

然而，你在「渴望」著什麼呢？就是那些還未獲得的東西。有時它給人一種根本無法獲得的感覺，日子久了，面對依舊這麼渴望的自己似乎就有些羞愧了。於是，年幼時的「渴望」逐漸被成長歷程中的生活瑣事、課業學習、工作壓力給掩蓋，等你回頭盼望的時候，以為它已經不在了，悄悄地鬆了一口氣……

你以為你可以擺脫那個渴求的、貪婪的自己。

直到你愛上一個人，你才明白，原來那些貪婪不曾離去。

愛是為了滿足缺憾的渴望

心理學說，「渴望」的由來，要追溯到我們最原始的經驗。當我們還是小嬰兒的時候，父母的「不在場」就意味著瀕臨「死亡」的自己。比方說，我們需要父母做些什麼，而他們卻沒有如此行動——這就是一種典型的「不在場」經驗（我需要你，而你不在，或你沒有幫我）。於是當時身為小嬰兒的我們，感到心裡頭的情感張力瞬間高漲，直至滿溢到無法承受的程度，感覺難受得好像快要死掉一般……

那一刻，「啪嚓！」你的心靈瞬間按下快門，紀錄下這種「渴求而不可得」的感受。一次一次，這些感受跟著我們，從童年到青春、以及成年時期的愛戀……我們長大了，心裡卻住著一個「渴求而不可得」的小孩——雖然，我們不見得認得他。

「得不到」的憾，只好用物質來換

她說，之所以開始懂得自己的「渴望」，來自於她看見自己的「缺乏」。

我問她看見自己「缺乏」什麼？她的臉馬上紅成一片……原來，她缺乏的東西，是

「金錢」。

談到自己感到缺錢，她害羞得幾乎難以說出口，但她最近的確才剛和一位富家子弟分手。我問她分手理由是什麼？她輕描淡寫地說了句：「感覺留不住他。」喔，原來「留不住」也可以是一種分手理由。然而，只是「覺得」留不住而已，為何不「嘗試」留住呢？

原來，正和她「渴望而不可得」的經驗有關。

她說，那是小學五年級一個炎熱的下午。午休結束後才熬了兩堂課，她就感到飢腸轆轆，然而伸手一摸，觸及到的卻是空空如也的制服口袋——因為她家裡的規定是這樣的：小孩子需要什麼得由大人來決定、由大人來購買，所以小孩不能有零用錢。

可是她正值青春期，肚子容易餓啊！看著同學們一個個奔進福利社，她的腳步不禁跟著移動起來。隨著人潮停留在麵包攤前，看見墨綠色的大箱子上盛滿剛出爐的新鮮麵包，排在前頭的手臂一隻隻朝箱子裡撈啊！挑啊！搶啊！

她被人群擠著，又聽到腹部上方傳來的叫聲；忽然間她逮到一個空檔，手指頭像被誰遙控了一般，伸進人群縫隙中，偷偷拎住一塊隆起的菠蘿麵包——瞬間她閉上了眼，發抖的雙腿正要衝出人龍，卻被前方的某個大塊頭硬生生擋住……

「是誰？誰在偷我的麵包！」後方傳來麵包店老闆的大吼聲。

她嚇得鬆開了手指，拼了命地往外跑，跑呀跑呀，衝回教室躲在自己座位上。

心跳得好快，手腳冰冷而顫抖……

「妳是看到鬼喔！」坐在旁邊的同學笑她。

她想，這麼難堪的一幕，或許是永遠都忘不掉了。

多年之後，她愛上一位「有錢人」。

「但他就像那顆菠蘿麵包一樣，留不住。」她說，「如果真留下來了，也令人感到恐慌。」

聽她這麼說的時候，我突然覺得那個有錢人真倒霉，他幹嘛偏偏就是個有錢人呢？

但很快我就想起心理學家說的：在羅曼語系裡，「愛」與「死」的字源是非常相近的。我們之所以會「愛」，其實就是因著「克服死亡」的動機而來。在愛裡頭，你會看到自己想要「找尋」什麼、努力生存下去的渴望。

你可以這麼體會：所謂的愛情，也許就是從「缺乏」開始。

只是，缺乏裡頭，必有更深的「缺乏」；正如同「渴望」背後，其實藏著更深刻的「渴望」。

找一個讓自己相信「我值得被愛」的人

「噢，那我缺乏了什麼？又渴望著什麼呢？」她問。

「那就要看『錢』對妳的意義是什麼囉？」我說。

錢。

錢之於她……

她說，其實她不覺得家裡缺錢，但媽媽對她的嚴苛，常常讓她覺得自己啃噬掉家裡許多資源。當別的小孩都有零用錢可以拿的時候（嗯……這是她的想像），她只能眼巴巴看著人家買零食，而失去了加入同樂的資格（嗯……因為她沒有那個臉伸手向別人要）。

所以她想偷看看，卻失敗了。

但偷竊那刻的恥辱已深深印在心底，她突然覺得自己好悲哀，身在一個不缺錢的家庭，卻是一個缺錢的孩子，那就代表家人覺得這錢不值得花在她身上了，是吧？

「那個有錢人，其實也不是什麼有錢人，只是對我花錢很大方……」講到渴望深處，她終於哭了出來。

原來「缺錢」之於她的意義，只是在尋找一個願意對她「大方」的人罷了！

是的，他們最終還是分手了。不是因為她真的「留不住」他，而是她還需要重新建立自己能留得住他的自信。

雖然這次失去了愛，但她終於懂得自己缺乏背後的渴望——那是一個望著那顆永遠不屬於自己的菠蘿麵包的小女孩，等待某天，會有一個心甘情願為她買一整簍麵包的人……然後告訴她：「妳值得我這麼做。」

我很喜歡電影《曾經。愛是唯一》裡頭，一段如詩的話語：

「別忘了那些你曾經擁有的；珍惜那些你不能得到的；不要放棄那些屬於你的；並將那些已經失去的，當做回憶。」

是的。別忘了那些曾經擁有的，因為那可以提醒我們生命有多美好；珍惜那些不能得到的，因為那讓我們看見自己的缺乏；不要放棄屬於你的，因為那告訴我們渴望就是一種生命力；在回憶裡保留失去的，因為總有一天，我們會明白：生命中出現的每一個你，都有意義。

你會愛上什麼人，一路以來都有跡可循

「我身上有缺陷。」——不知道從什麼時候開始，我們開始這麼覺得。

是在人群中被那些烏合之眾的泛泛之談給凍僵的時候？還是因為那位一邊發號施令、一邊流露出不懷好意的老闆？其實，那些雞蛋裡挑骨頭的批評、和自戀式的炫耀，與我們何干？那些充滿個人意見的肯定和否定，又何需在意？

我們應該要明白，如何不受這個世界的歇斯底里所擾。但……曾幾何時？自卑的感覺居然開始爬上心窩，在跳動的心頭啃噬出細微的小洞？每啃了一點，都釀成一點缺少、一點空……

從心理學來看，這是存在我們心底的「缺乏情感」，也形成我們尋找親密伴侶的「潛意識邏輯」。

尋愛邏輯一——找回我曾失去的

原來那些心頭上曾經感到「缺乏」的自己，從來沒有消失，而是被自卑的挫敗感，撕成「碎片」，在內心的空間裡紛紛飛舞；就像打散的拼圖一樣，一片片散落出去。

有時候，我們會以為這些「碎片」——自信的、歡樂的、聰慧的、天馬行空的、古靈精怪的、善辯的、信任的、自由的、創意的、勇於衝撞的……怎麼都不見了？所以拼命往外去尋找。（是啊！如果某人身上有我失去的這些碎片，那麼只要與他結合，我就能重新擁有了吧？）

當我找到那個擁有我心裡「碎片」的人，就感到自己墜入愛河。

因為透過他，我們想像著能把不完整而自卑的自己，拼湊回來。

尋愛邏輯二——找到我所認同的

如果從那些心頭上的「缺乏感」透視進去，我們可以窺探到童年和青春時期，自己所認同與不認同的人事物。

比方說：我曾經看過隔壁大嬸拿著鍋鏟，追著她那看來吊兒郎當的老相好，當著人來人往的大街上對他破口大罵：「死沒良心的，敢劈腿就不要給我回來。」聲音大到我好奇地打開窗戶，然後瞥見站在門外看熱鬧的父母，我老爸那雙大手覆蓋上我媽瘦弱的肩，深情地對她說：「放心，我永遠也不會看妳以外的女人。」

我悄悄關上窗戶，心跳的頻率卻告訴我：以後要愛像老爸那種「深情英勇」的人，絕不要愛上像大嬸的的老相好那樣「吊兒郎當」的人。

「潛意識」替我記下這幅畫面，小心地擺放在記憶深處。

多年以後，我同時遇到A君和B君。當A君的手無意地拂過我的肩，當B君那吊兒郎當的牛仔褲幾乎露出他半個臀部……一股濃濃的記憶的味道從遠方飄來，童年和青春的強烈感受在我心裡溢散開來……

我以為自己應該與A君陷入愛河，卻沒想到B君居然也對我有蠱惑般的魅力。於是我才明白，不管是認同或不認同的記憶，都可能創造我們成年時期的找尋。

前者，是一種「正向認同」的追尋，和A在一起，我們期待能重溫曾經美好的過去；後者，是一種「反向認同」的追尋，和B在一起，我們期待扭轉早年缺乏的不堪經驗。

原來，我們會愛上什麼樣的人，早就有跡可循；
如果我們補足了心裡的缺，遇到愛，將不再若有所失。

「真正的忘記，是某天你又想起它時，居然發現自己已經不再痛了。」

——回應電影《我的藍莓夜》

同場加映——
電影介紹《我的藍莓夜》

用「為我而活」折磨、耗盡最愛

「真實的東西是最不好看的。」

——《胭脂扣》

有些心理學家對嬰幼兒的觀察是這樣的：在某個時期，嬰幼兒會顯得相當「自戀」（比方說：照鏡子，對鏡子裡的自己微笑或露出迷戀的眼神），並把自己的身體當成全世界最珍貴的事物，加以愛待。

另一部份的心理學家則說：這種現象並不一定是「自戀」，而是懷念別人給我們的愛，所產生的替代現象——希望別人能像自己一般，無時無刻關注著自己（我期待你這麼對我，所以我這麼對待自己）。

總而言之，「嬰幼兒時期」指的是我們生命中最脆弱、最需要仰賴他人的時候，也是我們最期望能當個王子或公主的時候，悄悄想望著：別人將我們視為生命的中心。

與其說這是一種「渴望」，倒不如說這是一種因為身心尚未成熟的脆弱感，所產生的「偏執」——想想，倘若別人真能如我們所願，那該是一種多麼有力量的感覺啊！

「你，還有妳！都要為我而活才行！」

越重要的人，越能窺見你的「嬰兒狀態」

有些運氣好的嬰兒，成功地被身旁的人滿足這種心願，於是他更肯定自己的迷人、有價值——從「自戀」轉成「自愛」，開始到外面闖蕩江湖，施展身手。

有些嬰兒在朝向自愛的路上則磨難重重、挫折艱辛，還未滿足心裡對愛的「偏執」，就先被身旁的人譏笑嘲諷，只好將「偏執」壓抑心底，轉化為不想輕易展露的「固執」。

於是，這些嬰兒時期的體悟就逐漸跟著我們長大了，但它大部份時間是沈睡的，唯有遇到讓我們有感、或者對我們而言非常重要的人，童年時期的種種心情才會無法遏止地探出頭來。這些時候，我們好像不是那個熟悉的自己，而是一個充滿欲望、充滿情感、充滿張力的自己。且讓我統稱這種存在已久，令人感到陌生又熟悉的內在狀態為——「嬰兒狀態」。

為什麼你不能像他這麼疼愛我？

在上百次無理又偏執的爭吵過後，他選擇和她分手。

面對他的離開，我看得出她很難過，但她仍選擇擦乾眼淚，嘴硬地說：「哼！他才不是我想要的那種男人。」

原來，她對伴侶關係懷抱著一個堅定的信念：非得要無時無刻、無微不至的關懷，才是真摯的愛。比方說，兩人外出吃飯時，情人一定要記得幫她將椅子拉出來，招呼她坐下、圍上餐巾（如果那間餐廳沒有餐巾怎麼辦？她說，那情人就要記得攜帶餐巾啊……），還要幫她點餐、倒水，進食前先幫她把食物切成小塊、把肥肉的地方去除，進食時情人不可以玩手機、要面對面聊天說話……

她說，這是基本的尊重和愛呀！情人卻無法忍受她規矩多又龜毛，雖然一開始能做到，但沒多久就後繼無力，分手之後還到處說她「難搞」。

「怎麼能把自己做不到的承諾，說是別人的錯呢？」她說。一邊抱怨情人當初追她的時候，曾經說過多少後來根本達不到的諾言。

「唉！我怎麼沒能像我媽一樣，找到一個真正的好男人呢？」她感嘆道。這個口中的好男人，指的當然是她的父親。

她童年以來的記憶，父親就是這般溫柔地呵護母親，像個紳士一樣，一點一滴照料她們母女的生活起居。

父親是個醫術高明的中醫師，平時十分重視健康養生，沒想到，卻在她幼稚園的最後一年，染上了不治之症。從得知診斷結果到父親病發過世，不過才兩個禮拜的時間，她就失去父親這個生活中最重要的依靠。

父親喪禮過後，她重回幼稚園上課，當時老師正在教注音符號，替他們打好進入小學前的國語基礎。

她回去上課的第一天，老師剛好抽考注音符號。她才面臨喪父、以及深深墜入喪夫陰影的母親，面對映入眼前的考題，腦中卻只能以一片空白的記憶回應。於是她撞膽拿出抽屜的課本偷看，沒想到正好被監考的老師給看見。

老師先是默默不語，等考卷收回去後，卻問班上同學：「剛剛有偷看課本作弊的同學請自己站起來！」

被老師一問，她心裡一驚！卻想：那些抽象的符號是老師在她喪假期間教的，自己根本沒學過哪算作弊呢？於是她倔強地抬起下巴，身體則僵硬地黏在椅子上。

接著，有幾位同學陸陸續續地站起來，一片沈默過後，老師直接叫了她的名字，然後當著同學們的面，責備她偷看卻不敢站起來……

於是，她不情願地蹬直雙腿站起來，心頭灼熱，卻忍著不讓眼眶裡的淚落下。

下課鐘響後，她頭也不回地衝出教室、衝出校門，躲到一個連自己也不知道是哪兒的角落，放聲大哭。

那天，直到太陽下山後，學校老師們都一一出去尋找失蹤的她。

聽說被老師找到時，她還屈著身子躲在那狹小的角落裡。

「出來，沒關係的，妳出來……」外頭的老師輕輕呼喚著她，一邊伸出雙手將她抱出角落……

她還記得，那是一位有著溫暖笑容、眼神流露深刻關心的男老師。

「為什麼我後來就遇不到這種人了呢？」說起童年故事，她還是含著忍耐不肯落下的眼淚。

也許，不是她後來沒有再遇過這種人，而是每當她遇上這種人，就忍不住掉回當年失去父親的感受中，喚起心底那個還依戀著父親、期待自己能讓父親不可就這樣離開的「嬰兒狀態」裡。她內心深處原來只想要證明：這世界上有人可以忍受她的無理取鬧，但不會像父親一樣，毫無預警地就離開她的生命……

當她的情人不懂得這些過往故事，又如何能理解她無理偏執的背後，竟是一種對生命的無能為力呢？

電影《胭脂扣》中說：「真實的東西是最不好看的。」

是的，確實如此。但真實的東西，背後卻藏著最需要被人理解的故事。

那些曾經無能為力的時刻，不是為了將你打敗而存在，是為了喚醒你寵愛自己的能力，然後讓那些能夠走進你心裡的人，陪伴你心裡的大嬰兒，逐漸長大。

於是，你終有一天會明白：活著，不是追求真實存在而已，也盼望在愛的體驗中，過得如是踏實。

認識住在你心裡的「嬰兒陛下」

當我們越無法愛自己、照顧自己，就越得要找一個人來愛與照顧——這是一種心理上的補償機制。

換句話說，當我們心裡「無法自理」的感覺越強，我們對親密關係的依賴程度就越強，直到形成一種「彼此共生」的狀態：「我」中有「你」，「你」中有「我」。我希望你能順著我的心意，而我的情感則隨著我們之間相處的順遂與否，起起落落。

佛洛伊德喚這活在內心深處的自己為：「嬰兒陛下」。

自愛需求的不同，導致愛人方式的差異

「嬰兒陛下」的概念很巧妙，當時佛洛伊德正在撰寫與「自戀」相關的論文。某天，皇家藝術學院展出的一幅畫吸引了他的注意，那個場景是這樣的：交通警察正在管制擁擠的交通，好讓一位衣著華麗的小孩及保姆從車陣中緩慢地通過，這幅畫的標題就叫《嬰兒陛下》。於是，佛洛伊德在他的論文中，寫下了人們與生俱來的「自戀」需求——他認為孩子有一種渴望，會像「對待奴隸」一般，對待他們最初的照顧者（如：父母或保姆），以確認他們能滿足自己所有的需要，從中肯定自己是有價值的、是被愛著的。如此的嬰兒「自戀」心態，就是我們最早的「自愛」形態。

每個人隨著成長經驗不同，這種「嬰兒狀態」也會產生質地上的差異，這就是為什麼，同樣是極度渴望愛的兩個人，但他們需索愛的方式，卻不見得相同。

不受關注的挫折，讓你以為不再被愛

對此，心理學家馬克·維儂（Mark Vernon）描述了一段相當生動的畫面：

在一個嬰兒的心理學實驗中，研究人員經過某些重覆測試，讓嬰兒產生錯覺，認為自己可以透過吸奶的頻率，控制音響是否播放音樂（當然，這世界上絕對沒有聽嬰兒哭聲就決定開關的神奇音響，事實上，是研究者根據嬰兒的吸奶節奏來控制音樂的開關）。

當嬰兒產生了自己有能力控制音響的「錯覺」後，研究者便開始關閉音響。當吸奶時，居然沒有背景音樂——這大大地違背了嬰兒的預期。結果，這些接受實驗的嬰兒很快變得心情低落，開始嗚咽哭泣。

心理學家藉此判斷，這是因為寶寶心裡的「嬰兒陛下」受到了極大的藐視與挑戰。（什麼？我都吸奶吸得這麼拚命了，怎麼還沒有音樂呢？）他們開始感到陌生焦慮——對周圍發生轉變的情境；也許，還有對他自己。

仔細想想，這種神奇的「自戀」心情，實在是因應上天賜給我們的生存本能。從出生之後，我們除了哭和笑還會什麼？然而，當我們嗚咽出聲，鮮甜的乳汁就會流淌在舌尖上，柔軟的衣被就會給予我們溫暖——在人生當中，還有什麼時候比這時刻更全能？好像整個世界都因我們而存在，世界就是我，我就是世界，我們是一體，全然的一體。

可惜的是，當我們還未在這種被人關注的感覺中充分享受，很快就會發現世界並不是圍繞著我們而打轉……於是，我們從「備受關注」的幻想，跌落進「不受關注」的心情，這種轉變是相當可怕的，也在心底刻畫下或多或少的「無能為力感」。所以，如果你常常在愛戀的關係中感到焦慮，覺得自己被愛得不夠，覺得自己沒有價值，甚至常常對你愛上的人感到陌生……

也許，問題不是出在你愛的人身上，而是你對自己的感覺，原本就出了問題。如同我們年幼時曾經深深感受過的，一種對未來充滿不確定感、對自己感到陌生焦慮的恐懼，扭曲了情人的形象。

「真實的東西，也許不好看，卻讓我們看見自己的偏執。學著寵愛自己，也學著讓人走進內心。」

——回應電影《胭脂扣》

同場加映——
電影介紹《胭脂扣》

從戀人的倒影中，看見自己

「人這一輩子那麼長，
誰沒愛上過幾個人渣？」

——《志明與春嬌》

生命的偶然就在於，當你不經意的時候，有些人會突然闖進你的視線，被你看見，成為記憶中難以忘懷的畫面。

於是你在心裡悄悄拿起一支畫筆，想要描繪下這個不容你忘記的人。然而，你拿著的往往是一支「幻想」的畫筆，而不是「寫實」的；你看著他的倒影作畫，卻以為自己畫的是真實的他。

所以，我們對別人的幻想，常常是我們對自己的幻想；我們對別人的無法接受，也往往是我們對自己的無法接受；我們對自己的要求越高，所愛的人就越難達到我們的要求。

如果一直在愛中撲空，可能因為你愛上的是心底的幻影，只是自己不見得明白。

是他變了，還是你看錯了？

我與阿弟仔第一次相遇，是在網球場邊……當年他高舉雙手、左右俐落揮拍的模樣，是我對他最清晰的印象。於是我忍不住拿起心裡的畫筆，描繪他在陽光下奮發向上的模樣——那是一個斯文高瘦的有為青年，用銳利的眼神與對手交戰，滴在球場上的汗水正閃閃發光……（真是有夠少女心的描繪）。

後來，在朋友的鼓譟和撮合下，我和阿弟仔很快走在一起。奇怪的是，兩人開始交往之後，我就不記得他曾經再走進網球場，取而代之的是他老是在電腦前和線上遊戲搏鬥的畫面。沒過多久，我心裡那幅美好幻影就開始變形了！阿弟仔搖身一變，從有為青年成了不思振作、寬鬆發福的頹靡大叔。

嘖嘖，你一定可以想像，當時我的少女心有多麼失望。偏偏當年阿弟仔又是個大學四年級、正準備報考研究所的考生。考生耶！哪來頹廢的資格和條件？（天啊，我對自己幻想中的倒影好嚴苛呀！）

私底下，我超想臭罵他一頓，又深怕影響他大考；而他肯定也不知道要如何向我告解這份逃避的心情，只能更專注地投入虛擬遊戲的廝殺中，當個夜半上線的戰士、白日卻爬不起來上課的準考生。

當彼此之間的裂痕日益漸深，我開始這麼告訴自己：

「他變了。他終究不是適合我的那個人。」

懷抱著與阿弟仔相處時舉步維艱的心情，我將這股失望轉成投入社團的動力，於是，認識了那名叫「龍哥」的男子。

為什麼叫「龍哥」？呵呵，因為人如其名，他是同儕中的佼佼者，令人仰望的人中之龍啊！（原來那時我心裡的幻想之筆，又開始自我描繪）。在大家都還躲在書桌前奮鬥的同時，他早因為在學成績優異和滿腹才華被保送入學了，根本不必「準備」考研究所。

於是我和龍哥一見如故，越走越近。某天，我們在外頭聊天至大半夜，之後他騎摩托車送我回家。

路上我們仍開心地聊著，卻看到昏暗的巷子裡，有堵人影站在我家門前。

「這麼晚了，妳家門口怎麼有人站在那兒啊？」龍哥問道。我也摸不著頭緒。

直到摩托車影逐漸與那人影交會，我才看清，那是應在他家裡苦讀考題的阿弟仔……

當車影停下，與人影交疊，排氣管的聲浪以規律的頻率聲陣陣逼來。我頓時像石化般，不知道如何反應。

「妳給我下來。」阿弟仔冷冷地說了一句。
「妳給我坐好。」龍哥也冷冷地回了一句。

那天，就在這樣的左右拉扯下，我和阿弟仔用一種相當不成熟的方式宣告分手了。

之後，我偷偷看到朋友在網上留給他的安慰話語：「那種女人，冷血無情，你為她難過，她也不會痛。」

就這樣，我悄悄地墜入「人渣」道，在某些人心裡，久久難以翻身。重點是，和阿弟仔分手後，我和龍哥之間，也演出一場劇情雷同的鬧劇。

「人這一輩子那麼長，誰沒愛上過幾個人渣？」電影《志明與春嬌》裡，這麼說著。

換句話說：人這一輩子那麼長，誰又沒當過幾次人渣呢？

然而，你可以不小心「愛上人渣」或「成為人渣」，但你絕對不能不去反省，自己為什麼走上這條路……

由五感幻化的愛，錯判戀人的實相

美女的意義是什麼？在愛慕者的眼裡，她是極品；在出家人的眼裡，她是雜念；在蒼蠅的眼裡，卻只是一頓饗宴。

這是一段很有趣的禪語，卻也點出了一項重要的人生哲理：我們過去的「經驗」，會決定我們現在看待事物的「實相」。

所以心理學家萊斯特．魯伯斯基（Lester Luborsky）博士曾如此比喻：「我們幻想的情節從來沒有變，只是角色和場景改變了。」

另一位心理學家塔拉．班奈特（Tara Bennett-Goleman）則記錄了這些幻想情節的可能成因。看看這些，也許你會更了解自己心裡的影子，如何像隻魔手一般，悄悄操縱著你：

錯愛幻影一——遺棄感

「遺棄感」對人的核心影響，便是不斷害怕：**「別人會丟下自己」**。

若童年時常常搬家、不斷更換照顧者，或被迫面臨與照顧者分離的實際經驗，都可能讓我們活在這種「遺棄感」的恐慌中。因此我們會對「失去」特別敏感，所以更想要緊抓著某項依靠不放，以致我們變得「很黏人」。或者，因為太擔心可能會失去，在關係中便充滿各種委屈與忍耐，甚至到最後承受不住害怕失去的感覺，自己便先從親密關係中走人。在此狀況下，我們會特別難以忍受孤單，所以總是到處尋找可以糾纏不放的對象。

若你發現自己常因寂寞而在愛中不斷尋找浮木，導致在愛中浮浮沈沈。「學習信賴」，是救贖「遺棄感」最好的出口。因為當你相信自己一個人也可以活得很好時，你才能找到一個真心想和你攜手前行的人。

錯愛幻影二——剝奪感

「剝奪感」對人的核心影響，便是不斷覺得自己：**「被別人忽視，我想要的都得不到」**。

不論幼時曾經有因忙碌無法好好關照自己情緒的照顧者，或手足間有競爭情結的經驗（例如：家裡有其他表現特別亮眼、或特別需要父母費心照顧的兄弟姐妹），都可能讓人有這種感受。

「剝奪感」的存在，會讓我們顯得特別「尖銳」，因為感受不到別人的關注或了解，使得我們對別人的態度也顯得冷漠、缺乏同理，甚至容易頤指氣使。另一種極端的反應，我們也可能對人「過分親切」，不辭辛苦為別人付出。但這可能只是為了彌補心裡的空虛，以及對人潛在的憤怒感。

如果你因在愛中擺出太藐視或太委屈的姿態，而感受不到任何幸福，甚至對愛「絕望」，那麼「容許自己向別人承認，你覺得自己不被重視而不滿」，對這種感受的化解相當重要——如果連你自己都不能同理自己，這世界上還有誰可以真正懂你呢？

錯愛幻影三——服從感

「服從感」的核心感受：**「覺得自己老是要聽別人的」**。

在此心情下，每次的屈服都會變成一種怨念，直到累積成無法壓抑的憤怒爆發為止。或許在年幼的時候，我們曾經以為討好、乖巧，就能讓家裡的氣氛天下太平，所以我們在親密關係中也習慣沿用這樣的方式。直到有一天，我們發現自己討好到內在都失去平衡了，另一半卻還變心愛上外頭那個「脾氣大、有個性」的外人……我們才發現，用失去自己的方式來維繫愛情，到最後可能只是便宜了別人。

如果你也活在「服從感」的暗影下，也許是時候了，好好傾聽壓抑在你心底的聲音，那個訴說「我．想．要」的聲音，並且勇敢表達，讓你所愛的人知道。

錯愛幻影四——不信任感

「疑神疑鬼」是「不信任感」所創造出來的行為。

隨著疑慮的潛伏，自己不只是容易憤怒，還容易「暴怒」——因為凡事，我們習慣先往最壞的地方想去，先把怒氣釋放出來後，才來後悔。

在關係中，如果你也常如此，我想這是因為我們心裡的「情感邏輯」並不穩定，像個嬰兒一樣，我們還摸不清楚愛的人何時會生氣、何時會開心……所以對於這樣模稜兩可的感覺，我們相當難受。

那麼，請找個能聽你說這些「因不確信而衍生的不滿」的人吧！好好地向對方傾訴自己的疑慮，然後也許你會發現：很多時候，你的暴怒真的是因為想太多了！

覺察自以為的「被背叛」傾向，你就不用再陷入高潮起伏的「被虐待」關係之中。

錯愛幻影五——不值得被愛

「我不值得」是我們對自己最大的攻擊，也是**「感受不到被愛」**的最大核心原因。

在這種心情下，你老覺得自己是有瑕疵的，所以不管別人跟你說什麼，你都會覺得他在挑剔你；你最怕別人瞧不起你，但偏偏你又沒辦法打從心底瞧得起自己。所以你可能用一個「虛偽的外表」來掩飾自己，或者躲在「高傲逞強」的外表下，讓自己看起來比實際過得還要好。可惜的是，不管如何，當我們心中被「我不值得」的影子深深攫住，與別人之間，勢必很難真正靠近。這絕不是光靠找一個「完美情人」就可以解決的問題，你必須打從心底相信——你的價值從來不需要倚靠外在而生，它一直都在那裡。

真的，只是你還沒看見而已。

依循這五種感受，誠實找出你心裡「不正常」的地方。只有你能從這種脫離現實的感受中解放自己……而戀人的存在，只是自我解放歷程中的一種陪伴。

唯有解放了真實的自己，才能打破愛的幻覺，清楚看見那些吸引你的戀人實相——他值得你愛嗎？

「人這一輩子這麼長，誰沒當過幾次人渣呢？但你不能不去反省，自己為何走上這條路。」

——回應電影《志明與春嬌》

同場加映——
電影介紹《志明與春嬌》

愛讓人勾魂，
也讓人失魂

「墜入愛河有多麼瘋狂，
就像是一種被社會認可的精神錯亂。」
——《雲端情人》

關於愛情的起源，心理學家有個相當奇特的觀點：當我們對某人心生愛的時候，往往不是因為心理上處於一個充沛滿足的狀態，而是因為對自己的某些不滿或緊張，導致我們想要做些什麼來移除、或減輕這些不適感。

於是我們去愛了，愛上一個可以拯救彼此靈魂的人——而這個人身上，具有某些令我們神魂顛倒的特質。

這種感受的心理學名詞叫做：「傾慕」。

那是一種你光看著他就很滿足的感覺（有些人光是看著情人，甚至不覺得餓……），他微微一個舉動就會觸動你的心、激起你心底祕密的渴望。有時你看著他，甚至覺得他的完美反映了你的渺小——與他相比，你好像顯得無用多了。

於是，你可能不會注意到，你的心底對他其實還藏有那麼一丁點的「嫉妒」。這種嫉妒會讓人想要擁有、侵占那個被你所嫉妒的對象；而想要擁有的感覺，又回過頭來點燃了嫉妒。

於是，你傾慕又嫉妒，嫉妒又傾慕，這種反覆就這樣形成愛情裡頭感受的本質：我傾慕你、體驗到你的美好，同時，也嫉妒你、感受到你的壞。

這是愛一個人的感覺，當你愛得越深，感受越無法像初識時那般美好純粹。

從仰望愛到俯視愛，看見自己的好與壞

他是在路旁和她搭訕的，當時他那段觸動人心的台詞如下：

「妳好，我想跟妳交朋友，因為我一眼看到妳，就感到驚為天人，但更讓我動心的是，妳身上有一種神祕的特質，讓我覺得妳一定是個很獨特的人，請和我交個朋友吧！」

當時，她被他的大方恭維打動了，因為他與別的男人不同，不光看外表就驟下評論，而能看透她性格中的特質。於是毫不猶豫地，和他成為朋友，更進一步走入戀人的關係。

誰知道，兩人交往之後沒多久，她就覺得自己似乎不再獨立、有主見，而逐漸變成一個什麼都不會、整天只仰賴他過活的小女人了。

「你為什麼已讀不回呢？」她問。

「我在忙啊！」他匆匆地回。

「在忙什麼呢？有我重要嗎？忙的時候不能回我一下訊息嗎？有什麼不能讓我知道的

事嗎？」她又問。

「妳不要無理取鬧好不好，我是真的很忙！」他說。

「你是不是後悔和我在一起了？」她再問。

「這種話一天要問幾次，妳有完沒完！」他不耐煩地說。

對方的每一句回話，都讓她覺得自己變得膚淺、依賴、又歇斯底里，也覺得他變得冷酷、無情、又毫無耐性。

「我真的沒辦法再跟妳在一起了。」交往才三個月，他終於說出這句話。

她以為自己會很難過，但摸摸胸口，竟然有種鬆一口氣的感覺。

我問她為什麼會有這種反應？

她回答，自己早就認為兩人分手是遲早的事，所以當他真的說出這句話時，她心裡反而覺得解脫了。

「況且，他身旁有沒有我，都沒差呀！他是那麼獨立又有自己的想法。」她描述時，眼裡流露出又羨慕、又讚賞的眼光。

就像當初他搭訕她的原因一模一樣……

我又問：「那妳為什麼要輕易放他走？」

她皺起眉頭說：「我是又愛慕！又生氣！這種獨立自主的男人，有我、沒我都沒差呀！嘖，這樣不行，下次我要找一個沒有我不行的男人。」

嗯……果真是「成也獨立」、「敗也獨立」，當初彼此相互吸引的特質，如今卻變成他們無法繼續攜手前進的原因。因為，在「獨立的她」之外，被他激發出來的，是另一個「不想獨立的她」。

電影《雲端情人》裡有一句話：「墜入愛河有多麼瘋狂，就像是一種被社會認可的精神錯亂。」

是的，愛不只讓人感到甜蜜，還會讓人覺得失控發瘋。

有一天也許你會發現，這種反覆無常的「精神錯亂」，其實是在告訴我們：在所知的自己之外，原來還有一個未知的自己。

那是一個即使他離開之後，你都值得好好用心認識的自己。

當你想占有時，壞感受就會傾巢而出

心理學家說，「擁有」和「嫉妒」之間是相互連結的——唯有當你想要擁有某人的時候，嫉妒的感覺才會冒出來。甚至，愛情的本質也許就是這種參雜著嫉妒感覺；而愛情之所以能長久，則是熬過了嫉妒的考驗。

為了讓愛順利航向彼岸，你得先分清楚三種不同的壞感受：妒羨，妒忌和貪婪。覺察後，才能克服這些在愛中隱隱作祟的負面感受。

所謂的「妒羨」，是對「某人身上有我所想要的美好」產生的憤怒感，這種感受只存在於我和這個人之間，與他人無關。

所謂的「妒忌」，是一種「本來是我的，但卻被別人搶走了」的感覺，大多存在於三人以上的關係。

至於「貪婪」，則是一種不論別人怎麼付出，我覺得「永遠不夠」的強烈渴求。

妒羨，讓你看不見自己

在「妒羨」的心境裡，我們常常會覺得「別人有我想要的東西」，而這種感覺實在讓人備受折磨。

比方說，一個自認腿短的女孩，愛上一位長腿的男孩，卻老是喜歡叫男孩穿一些鬆垮垮的褲子，來搞壞男孩的身材比例。

女孩的口頭禪可能是：「哎呀，你們這些長腿的人，走一步抵我們腿短的十步。」

這時，男孩可能會關愛地回她：「不會啊！妳這樣好可愛。」

女孩卻突然發起脾氣說：「你是說，我稱不上美麗，只能算可愛的意思嗎？」任憑男孩怎麼喊冤，也無法讓女孩消氣。

所以說，妒羨是一種從內而發的缺乏，你並不是無法相信別人，而是無法相信自己。你無法從別人的眼神裡，看到自己也有被人所「妒羨」的地方，所以你的目光總是緊緊跟著別人，沒辦法回到自己。

妒忌，讓你從害怕失去變真正失去

在「妒忌」的心境裡，我們常常「害怕失去自己所擁有的」，因此變得古怪多疑，而且找不到任何理由。我們可能會暗地裡查勤，然後說服自己：「我只是好奇。」只要能被我們揪出些什麼「內情」，雖然憤怒，卻免不了來個幾句：「你看吧！我就知道你不值得信任」的得意。

難怪莎士比亞說：「妒忌是憑空而來的，自生自長的怪物。」

在這種心境下，我們常常和一個自己模擬出來的「假想敵」對戰，動不動就暴躁地捍衛自己的權力，或者想方設法要把這個「怪物」給捉出來。

貪婪，讓你對愛百般刁難

當妒羨、妒忌這兩種感受彼此餵養的心魔，占去我們龐大的心力，幾乎阻斷了我們愛與感恩的能力……於是我們成為難搞的人，在「貪婪」的狀態裡看不見別人對我們的好，或者在別人的善意當中，都能挑出許多「不真心」的毛病。

你能分辨讓自己無法好好投入去愛的，是「看不到自己好」的妒羨、「老是有假想敵」的妒忌，還是「挑剔別人做得不夠」的貪婪嗎？

請好好認識這樣的你，並檢視這一切是否真實，抑或是你想用來實現「真愛並不存在」的絕望預言。

「這種反覆無常的精神錯亂是在告訴我們：在所知的自己之外，原來還有一個未知的自己。」

——回應電影《雲端情人》

同場加映——

電影介紹《雲端情人》

破壞欲，讓你錯過了幸福

「生活壞到一定程度就會好起來，
因為它無法更壞。」

——《龍貓》

一百多年前，心理學家發現，當人們經歷痛苦或快樂的情感後，會不自覺地製造同樣的情境，以便體驗同樣的情感。

這真是一個相當奇怪的現象——理論上，遇到一件好事，我們會期待它再度發生；但遇到深刻的痛苦，我們居然還企盼它再度出現！

心理學家把這個心理現象名為「強迫性重複」，你可以將它視為一種「心理習慣」的軌跡。也就是說，我們的生活，會朝向心理上的慣性預期發展。就像從家裡到某處的路徑，如果你只認得其中一條路，你就會不知不覺地只走那條路。

你是否不知不覺成為上一代愛情的繼承者？

她每次愛上的男人都是不同類型的。

有的臉方、有的臉圓，有的體魄健壯，有的長相白淨卻不喜運動……「人會喜歡同一種人」的理論在她身上不太適用。只是，她每次和男人交往的起源，還真都是出自「同一種模式」。

她第一個愛上的男人，是她千辛萬苦追求來的。然而，不知是否驗證那句俗諺：「強摘的瓜不甜。」男人和她在一起後，改不了交往前愛在外頭把妹的習慣，但她選擇睜隻眼閉隻眼、百般忍讓。

於是，她身邊充滿正義感的男同事常常為她打抱不平，天天聽她傾訴與男人相處時的委屈。就在這樣「憐香惜玉」的心情下，男同事逐漸興起想要一肩扛起她幸福的想法，兩人關係也轉為地下情，卻因為某天兩人約會時不小心經過正牌男友平常的活動範圍，果然被當場抓包。這下可好，三大歡喜，男友毫不猶豫地切斷這段戀情。她縱然淚流滿面，也只能投向同事的懷抱。

猜猜看，接下來發生什麼事？

是的，還真是見鬼了。這樣仇視劈腿的男同事，居然也在與她交往後沒多久，開始在外與人眉目傳情、大搞曖昧。你說，連續兩次遇人不淑，她該怎麼辦才好？

果然，沒過多久，她又出現了一位新的異性朋友，和當初的同事一樣，同情她的處境，甚至為了她所受的委屈，和同事大打一架。

同樣的故事就這樣上演了好幾回……直到她生命中第N位男人出現的時候，這個愛情遊戲已經在她身上重覆上演超過十年了。

幸運的「N男」成為遊戲的終結者，將她順利帶進結婚禮堂。

婚禮那天，她淚眼汪汪地挽著父親的手，踏著緩慢的步伐，朝著N男……噢不，是她老公的方向前進。一旁的主桌上，在主婚人的空位兩旁，罕見的坐著兩位穿同款禮服、頻頻拭淚的老婦人……

「左邊那位，是新娘的親娘，右邊那位，是新娘的大娘……」親戚們竊竊私語地左一句右一句接著說：「外遇來的啦！」、「大的結婚沒過多久就被劈腿了啦！」、「哎喲！夭壽，摳憐噢！」

旁人的私語並沒有阻擋新人的步伐。只是，當新娘父親將她的手交到新郎手裡那一刻，眼眶雖然含淚、眼神卻帶著犀利，好像在感動之餘卻又面帶威脅地對女婿說：「以後她的幸福，你最好真他媽給我全包了。」

賓客瞬時忘情鼓掌，但眼尖的人或許可以發現：新娘的右手雖已握住新郎，左手卻還不願從父親懷裡抽離……

我偷偷看在眼裡，明白新娘原來出自一個「習慣三人關係」的家庭。當我們已然習慣某種生活，這種處境即使不合常人之理，卻也不知不覺成為我們心中的真理。這便是影響我們極深的家庭背景，讓人看不見其他幸福模式的可能性。

不幸的習慣，讓你對幸福視而不見

這讓我想起一個寓言故事：很久以前，有一頭熊被關在一個很小的籠子裡，這個籠子小到牠只能用後面的兩條腿站著。後來，熊被關了好久好久才被放出來，出了籠子以後，牠其實可以回歸本性，用四隻腳行走。但牠被放出籠子之後，還是只會用兩條腿站立。

可見，實際上的籠子雖然不見了，牠心裡卻好像還有一個虛幻無形的籠子限制著牠，熊竟忘了自己最初的本能。

所以我們要相信電影《龍貓》裡頭所說的那句話：「生活壞到一定程度就會好起來，因為它無法更壞。」

是的，我們不能總是習慣過著住在籠子裡的生活——**某些強迫性的心理慣性，可能讓我們遇見幸福時，卻忘了好好珍惜。**

是「命運造化」，還是你本就信仰不幸？

心理學家說，人我關係中，存在著一種從小就發展出來的生存模式，然後在未來的人際關係中不斷複製循環。

心理學中有一個很經典的案例：研究者發現當媽媽把小嬰兒一人丟下後，他也會仿照媽媽丟下他的模樣，將玩具丟進角落——這種感覺並不快樂，因為他正在重複媽媽傷害他的過程。

「命運」背後的失愛歸因

某次，我們到南印度去，因為工作的關係，有機會可以進入當地的孤兒院擔任義工。當時，一群從台灣前百大的幸福企業過去的員工，看到孤兒院的小朋友腳上都沒有穿鞋子，事後便發起

「捐款送鞋」的愛心方案，吸引許多台灣人參與，沒多久就募到一大筆錢。於是大家興高采烈地買了許多鞋子送去孤兒院，結果卻發現，孩子們雖然開心，卻一一將鞋子背在身上，仍然赤著腳跑步。

我們這才發現：哎呀！原來我們平常習慣穿在腳上的「鞋」，對於平日不習慣穿鞋的人來講，可是另一種存在的意義啊！

這個現象，就是人類生存習慣的展現。

這「穿鞋的習慣」和「愛情的習慣」是有異曲同工之妙的。

就像生活在印度孤兒院的小朋友們，覺得不穿鞋是一件很正常的事，倘若我們成長在一個吵吵鬧鬧的父母婚姻中，自然也認為婚姻吵吵鬧鬧才是一件正常的事——因為這是我們自我保護的生存方式。

想想，倘若我從小就目睹父母的劇烈爭吵（這是生活中最平常的習慣），而我卻要天天期待他們不要吵鬧，這樣的日子不是會過得很辛苦嗎？與其如此，我不如發展出「夫妻就應該爭吵」的想像，即使我在父母的爭吵中充滿創傷、不滿，甚至聽到咆哮聲時，全身會拚命發抖……我還是要在心裡告訴自己：「嘿，這就是人生啊！大家都這樣的！婚姻生活就是這樣啊！」

這便是我們過去的生存模式，轉成自己「命運」的由來。

過去的創傷，讓你訓練對方變成陰影中的模樣

所以，當一個習慣在婚姻吵吵鬧鬧的人，遇上另一個習慣在婚姻中退一步的人，會怎麼樣？

他們可能會開始互相「教導」、互相「訓練」對方成為自己想像的那個模樣——內在有吵吵鬧鬧強迫性習慣的人，會開始「誘惑」伴侶和他爭吵；內在有以和為貴強迫性習慣的人，則會「驅使」伴侶對他生悶氣。

然而，結果通常都是創傷情結更強大（也就是生存模式更僵化）的那個人獲勝！

因為那些過去的創傷，會讓我們更不容易放下一直以來的壞習慣：想像對方的壞、想像自己的壞，然後不知不覺地，把我們的關係搞壞……

直到某天，我們願意醒悟過來，發現周圍人事已非，過去創傷早已翩然走遠。你才願

意看到身旁的這個人，所給予你的真實善意和愛。

是的，愛與信任，是解決強迫性壞習慣的王道。你所需要做的，只是認真去感受圍繞在你身邊的那些愛。

「想讓生活好轉，前提是，你不能總習慣過壞的生活才行。」

——回應電影《龍貓》

同場加映——

電影介紹《龍貓》

當愛落入罪咎與修復的輪迴

「我不覺得人的心智成熟會越來越寬容，什麼都可以接受。反之，我覺得那應該是一個逐漸剔除的過程，知道什麼對自己最重要，又知道什麼是不重要。而後，做一個單純的人。」

——《阿甘正傳》

在心理的世界中，時間是線性前進的嗎？

不是的。

當我們生命線上發生某個重要事件的時間點，心靈都會把過去的每一個相關點串連起來，形成我們獨特的感受與思考。

「時間」在人的心理世界裡，是一種破碎、來回、反覆、又曲折的存在。所以我們每回遇上了新的感情，便不自覺重溫早年愛著誰的片段。

正視那些生根於心中的怨

什麼是我們生命中最早的愛的模樣？

就是最初的照顧者：擁有乳房的母親（請自行替換成幫你拎著奶瓶的父親、阿公、阿嬤，或保姆）。當然，我們用理智去思考都能明白，這些母呀父呀，哪能時時滿足我們的需求？他們即使掌握了我們日常生活所需，但也勢必有某些時間會讓我們恨得牙癢癢的。

比方說，說話不夠溫柔、走路聲音太大嚇到我們、牛奶來得太慢，或者忘記幫我們換上乾淨的尿布……

問題來了，當時還無力表達的我們，該如何處理這些埋怨呢？

心理學家給了我們一個答案，叫做「幻想」。

是的，你沒聽錯，這可能就是人們最初幻想的由來——嬰兒時期的我們遇上無力反抗的負面情緒時，最好的方法就是在「想像」中，摧毀眼前這個可惡的人（嗯……現在可以體會為什麼嬰兒總要啃噬媽媽的乳頭了吧！就是那種心情！）

然而，我們對於最初照顧者的愛，往往是居於恨的。但豈能容許自己如此在想像中摧毀他們呢？於是，每每幻想過後，我們又得把這個被我摧毀的人在想像中修好，以免他們真的被毀滅了（想想，嬰兒的生活真的也挺忙的）。這便是我們在「愛」裡頭，時常感到心理矛盾的根源——既懷著「我怎麼可以這樣的罪咎感」，又有「趕快把一切恢復原狀」的道德感。

和他交往的時候，她非常怕他生氣。因為自己是家裡頭唯一的女孩，她的個性其實是有些千金小姐脾氣的。但是遇上他之後，一切就不一樣了：平常不動手做羹湯的她，變得勤下廚還切水果，無微不至照顧他。他當兵時的第一次懇親時間，她凌晨四點就起床，只為了給他燉一鍋最暖心的香菇雞湯；她特別買了「篩油利器」，將雞湯裡的油濾得一滴不剩，她母親在旁看到這一幕猛搖頭，直說：「女大不中用。」她從沒看過女兒對自己這麼孝順，卻對一個沒有血緣的男子如此用心。

她一邊嬌笑，一邊覺得甜蜜，認為這是神給她的啟示、真愛的開啟。

誰知，就這樣癡癡地等到他退伍，問題卻來了。

某天，他深夜到家裡來找她——那是他們交往兩年半後的日子。

「我沒辦法再這樣下去了。」他說。

「怎樣？」她問。

「就這樣啊！」他又說。

「是怎樣啊？」她又問。

「就妳太好了，我真的配不上妳。」他說。

「你幹嘛大半夜跑來跟我講這個？」她微愣。

「我們還是分手好了，對不起。」他的表情充滿歉意。

後來她才知道，分手後沒多久，他身邊就有了新的女人。那是一個和她截然不同的女人，既傲慢又自大，對他頤指氣使，簡直把他當成「工具人」……

可是他說，他愛她。

「他是腦殘嗎？我對他那麼好，他不懂得珍惜，要跟那樣的女人在一起？」分手後，她忍不住向我抱怨：「我哪裡比不上那個女人？」

「你幹嘛不直接問他啊！就罵他『腦殘』就好了啊！」我說。

她愣了一下，「我才不會這樣跟他說話。」

「可這不就是妳的真心話，幹嘛不直接問一問就算了？」我問。

原來，和他在一起時，她用盡心思，而她用心的方式，就是替他事先想到每一件他可能會喜歡或不喜歡的事情。所以她總想盡方法幫他排除掉那些他可能不喜歡的事，再幫他爭取所有他可能喜歡的事。

「為何妳對他如此小心翼翼呢？倒不像在談戀愛，像在侍奉一個『主人』。」我說，同時心裡直接聯想到《阿拉丁神燈》的故事，只是眼前這個神燈巨人……嗯……也太不像「巨人」了。

我們都在感情中修補歲月的傷痕

過了許久後，某天，我接到她的信。信裡一個簡短的片段，訴說了她成為「神燈巨人」背後的領悟。

她說，那是在她快進小學之前吧！她的母親當時肚子裡正懷著弟弟，常常因為行動不便，原本答應她要去公園玩耍，卻臨時不能成行。

母親懷孕後，她獲得的關愛變少了，好不容易逮到一個機會和母親出遊，卻硬生生被剝奪。她恨得不得了，在家裡大發脾氣，嘴裡不斷碎念說：「我最討厭媽媽，我不要媽媽了……」

據說，那天在她狠狠大哭一頓後，母親就被送進了醫院……（看到這段時，我心裡還懷疑：欸……母親搞不好是去醫院生產吧！要知道，我們童年記憶往往是破碎而極不可信的，裡頭只存留著當時我們主觀想記得的東西）。

不管真相如何，媽媽被送進醫院那天，年幼的她受到莫大驚嚇，或許當時她以為自己就要失去母親了——而這一切，都是從她想著「不要媽媽」的幻想而起。

為此她心裡充滿罪咎感，多想好好彌補（修復）媽媽，只是媽媽回家之後，居然帶回一個爭寵的弟弟，讓她對母親的感受更複雜了。於是，彌補的心願並沒能落到母親身上，而是回應到日後她與情人的相處上。

透過對他的好，她彷彿滿足了「修補」當年曾幻想毀壞母親的那份罪咎感。

當這段童年記憶浮上心頭的此刻開始，她似乎懂了：某些童年時期的罪咎感，並不代表她真的做錯過什麼。

正如同電影《阿甘正傳》裡頭這句話：「我不覺得人的心智成熟會越來越寬容，什麼都可以接受。反之，我覺得那應該是一個逐漸剔除的過程，知道什麼對自己最重要，又知道什麼是不重要。而後，做一個單純的人。」

是的，人心最柔軟的一面，在於我們總會反思自己的作為，並且學會在情感上與人建立連結。於是，我們背起一點一滴罪咎的重量，再學習放下一分一分不合理的承受。

愛情的痛苦與美好就在於此——當真正的感受被釋放出來了，才有機會剔除早年背負的雜質。然後有一天，你會發現自己，終於能純然無畏地去愛。

從「遠端記憶」到「此時此地」

存在我們心智當中，那些不被我們所認知到的部份，心理學家稱為「潛意識」。意思是說：你現在所認識的自己，只占「全部的你」的一點兒皮毛而已，內在有大半的你，是還未被自己所覺知的——這就是潛意識的神祕世界。

在潛意識的世界裡，時間以一種相當抽象的概念存在著。

比方說，你經過一條好久不見的街道，你雖然見到的，是它現代化的模樣，心裡卻好像感受到這條街道從前的老舊模樣……心理學家大衛·夏夫稱這為「時間——遠端（time-far）」的心理狀態，這並非此時此刻發生的人事物在引導你，而可能是過去人事物的情感在控制著你。

被遠端記憶中的愛，控制了自己

在我年紀小的時候，父母擔心身為獨生女的我會被寵壞，所以當我不聽話時，常常會被家法伺候。成年後，很長一段時間，我都記得那個「家法」就是一條「水龍頭」那麼粗的水管……開玩笑，那打起來可是很痛的，所以我對於「父母打小孩」這件事情，真是充滿怨念。

相當不幸的，我自己生了老大之後，才開始體會到「父母想打小孩」的那股衝動。某天，大女兒惹我生氣，我拿起旁邊不知名的物品就朝她屁股打下去，在她哇哇大哭之後，我心裡突然燃起一股超級抱歉的「罪咎感」，然後趕緊把女兒抱起來，摟得緊緊的，想要「修復」她。結果那種心情太難過了，居然抱著她忍不住就哭了起來……

是的，在我哭泣那一刻，已經掉回「遠端時間」去了，我回到了過去的母親的角色，只是自己並不明白。

在愛中墜入「遠端時間」的三大特徵

還好，當生命中這種時刻多了，我開始能整理出，掉入「遠端時間」的三大特徵：

首先，你可能會出現某些「生理反應」。比方說，臉會熱、會紅，手會抖，手心會冒汗等等……（想想，有時你和老師、老闆說話時，是不是也有這種狀況？）

接著，你會出現某些「衝動狀態」。比方說，想頂嘴、想罵人、想揍眼前的人一拳……（雖然，你不見得會做。但我奉勸大家，還是不要輕易被衝動給引導，否則你就會出現下一個特徵……）

最後，失控後，你會出現「罪咎感」和「修復欲」。如同前面兩大特徵，生理反應通常出自焦慮，焦慮則容易引發某些衝動行為……於是在那之後，我們陷入一種自我檢視中，反省自己剛剛哪裡做得「超級不得體」，而想把那些時刻的反應「扭轉過來」。

是的，如果你也有上述的經驗，趕快好好把握，這些時刻太珍貴了。找個地方靜下來，把畫面倒轉回去，問問自己：在你出現這三大反應前，眼前那個人做了什麼，「惹」你這樣做？

你就會發現一組很重要的「行為序列」——在你和親密情人的相處之間。

比方說，我和另一半之間的衝突，就常常從「他不說話」開始，因為「他不說話，我就會想辦法惹他說話」，然後「他終於被我惹毛了，我們之間的氣氛變得很緊繃」……來了來了，就是這個時候，我心裡會浮現一個想法：要打我了吧？你要打我了吧？

（欸，這位小姐，妳有事嗎？）

這就是我心裡存放於「遠端時間」的記憶——預期自己會被打。所以很久以前，每每我在感情中發生衝突時，就會想要跑掉。我想便是這種「預期會被打（懲罰）」的心情在搞鬼。

一旦發現這點怎麼辦，當然是回去找自己被打的根源啦！那一陣子，我變得超愛質問父母，幹嘛小時候老是要這樣打我！

直到有一天，我媽被我撸到受不了了，從她的藏寶箱裡撈出一條「水管」……赫然一看，這條居然就是當年教訓我的家法。可是，等等……我印象中的「家法」應該是有水龍頭那麼粗硬，但眼前的「水管」，不過是水族箱裡養魚的那種細細的小水管嘛！（比鉛筆還細，軟趴趴的，打起來根本一點都不會痛。）

很奇怪，那天之後，我在愛情中不再一面對衝突就想跑掉了（也不曾拿過東西來打小孩了。呃……頂多拍她幾下屁股而已）。

我想，那是因為「預期會被打」的潛意識張力已經從我心裡逐漸消失了。我深刻體會到，我們從前害怕的事，成年後早已不足為懼。懂得這點之後，對愛情似乎也無所畏懼了。

「愛情的成熟在於——唯有將感情釋放出來，才有機會剔除早年背負的雜質。然後有一天，你發現自己終於能簡單愛。」

——回應電影《阿甘正傳》

同場加映——

電影介紹《阿甘正傳》

當愛上了癮，心也開始失控

「唯一能和我的瘋狂相抗衡的，
是妳的瘋狂。」

——《派特的幸福劇本》

人在愛裡的感覺，就像一種心靈被填滿的感覺，有許多你不知道的自己、許多你不曾有過的創造力，都源源不絕地出現。就好像有人給你一根擁有無比神力的權杖，占據你滿心的歡喜、快樂與哀愁……

這時，世界變得精彩無比，周圍平凡無奇的景致也變得豐富了起來，好像單望著一片山（你可將山換成海、天，或者野草、垃圾桶……）就讓你感動得想哭。

總之，在愛情裡頭，有什麼是不可能的呢？

然而，請容我用一個挺煞風景的比喻——在愛情裡的這種心情，其實和「躁鬱症」的狀態差不多。這種心情是具有強烈高低起伏的，前一刻才風平浪靜，下一刻卻可能驚濤駭浪——特別的是，這一切還不見得能掌控在你手裡。

心理學家說，還好這種大起大落的心態，大多只發生在愛情的初期，不太可能永無止盡的延續下去。但這種容易「失控」的感覺，即使只有短短時間（每個人的延續長度不一樣），都夠磨人的了。

於是，在愛情裡，面對這種「陌生的失控感」，最常的應對方式就是「掌控」。

是的，當我能掌控你的胃（下廚）、掌控你的人（擁抱）、掌控你的一舉一動（查手機）……那麼我心裡因你而出現的「失控感」，就會好一些了吧？
這便是「愛之癮」的起源——因為愛情讓我們感到無比充實，便想要時時刻刻擁有。
愛，會令人上癮。

你是愛上了他，還是戀上了「愛」？

他和她是透過網路交友認識的。最初，他還不知道她原來是他的國中同學，只是多年不見，她居然變得落落大方、令他心動不已，並且為此困惑：為何自己以前從沒有注意過她呢？

就在他們成年後再度重逢的第一天，他原本只當是網友間的閒聊，卻沒想到扯出兩人之間許多共同回憶（畢竟曾就讀同一個學校嘛！）那是他第一次覺得與一個女人如此親近，即使只是看著她的笑、她的眼、她垂落額頭的髮絲，都有一種前所未見的心動。

那天，開車送她回家後，他忍不住在深夜的街道上，搖下車窗大喊，宣洩心中的興奮之情。

於是他很心急地向她表白了，表達滿腔無法克制的愛意。

她卻很技巧性地回應：「我現在沒有心思談感情，想先把心力放在工作上。」

「所以妳是喜歡我？還是不喜歡我呢？」他又問。

「嗯……」她猶豫了非常非常久，「我也不知道，但我想我不會浪費時間和我不喜歡的人出去。」她說。

所以這是喜歡嗎？——他心裡想，又問不出個明確的答案。但沒拿到交往的門票，還是令他失落，他發誓要用真心誠意來打動她。

於是他開始接送她上、下班，幫她準備早、晚餐（因為中餐她想和同事一起吃），甚至在她生理期的時候，幫她購買衛生用品、貼心補品……

但每次他想要進一步牽起她的手，她卻總是巧妙地迴避掉。

「真是快被逼瘋了！」來找我時，他說。

「怎麼，這樣不好嗎？看起來你跟她很親近。」我說。

「是沒錯，可是……」

「我不想逼她……」他說，「不對！其實我很想逼她。可是我怕連朋友都做不成。」

（嗯……這句話可是表白之前的前三名台詞呢！）

「可是你現在根本就不想當她的朋友嘛！」

（這也是我的語彙中，用來回應這句台詞的前三名呢！）

「唉……」他嘆了一口長長的氣，「我老實跟妳說好了，我會偷看她的手機。」他像告解一樣，對我吐出這句話。

「嗯？」

「然後我看到，她好像和她前男友還有聯絡。」他搔了搔頭，鬆了一口氣似地，終於把這個藏在心底的祕密說了出來。然後他又吐露了其他的天大欲望：他想破解她的信箱、交友軟體密碼，他想把她綁在房間裡，他想時時刻刻監控著她。他想像她一定會拒絕他，所以他在幻想裡掌控她，拒絕失愛的那天可能降臨。他愛她，不知不覺上了癮。

「愛之癮」背後的「愛之隱」

所有的「愛之癮」背後，都有「愛之隱」；當我們想要掌控什麼，通常是因為我們希望自己能掌控些什麼，卻又覺得自己掌控不了什麼。當光明正大的行為滿足不了掌控之實時，我們便渴求在黑暗中做些什麼，來滿足「愛之癮」背後的掌控感。

偷偷勘察她在現實中、網路上的一舉一動，監控她手機和網路軟體中的訊息清單……都只代表我們在這種黑暗的幻想裡，悄悄地思念這個人，所以想要找到一個能無時無刻與她連結的管道。那麼，即使有一天我失去你，也許還能擁有某部分的你……

這當然是一種愛的形式，只是，也是一種令人沈淪的形式。因為黑暗中的力量，一旦你習慣了，你也就被那個未知的自己給掌控了，然後在現實中，把對方推得離你更遠。

最後你可能什麼都沒有，只剩下幻想的世界。

電影《派特的幸福劇本》中，男主角對女主角這麼說：「唯一能和我的瘋狂相抗衡的，是妳的瘋狂。」

是的，但在我所看見的故事裡，**太過瘋狂的愛情，通常難以持久。能讓情人修成正果的方式，也許便是找到一種讓彼此不再瘋狂相愛的方式。**

陷入「愛成癮」的四種心態

愛情之於瘋狂，有時不過是一線之隔。日本心理學家伊東明曾經提出四個很有意思的狀態，來形容為愛瘋狂者（在他的著作中，稱為「共依存症候群」）背後的隱形心態：

「支配欲」形成的「獨裁」之癮

第一種心態，是內在「支配欲」所形成的「獨裁」之癮——**如果你愛我，你就要聽我的**。

這種「支配感」通常是逐步發生的，一開始可能從貼心關懷對方開始，接著想要知道和掌控的越來越多，最後形成一種類似「監視」的掌控狀態。如果你身在這種愛情裡，有時光是對方的一片沈默，對你就是一股精神上的壓迫。

利用對方「罪惡感」形成的「榨取」之癮

第二種心態，是利用對方「罪惡感」所形成的「榨取」之癮——**如果你愛我，你就要為我付出**。

這類愛情中，有一種扭曲的「責任關係」：如果我沒有為你做什麼，我心裡就會覺得過意不去（立場若反過來就是：對方為你所做的，彷彿理所當然）。「拒絕」在關係中逐漸變成一種說不出口的「惡言」（咦？加班不能陪你吃飯，怎麼好像也變成是我的錯！）誤以為「無盡的犧牲與付出」才是一種真愛。

「強迫欲」形成的「自戀」之癮

第三種心態，是內在「強迫欲」所形成的「自戀」之癮——**如果你愛我，就要相信我的想法一定是對的**。

「這樣做真的對你比較好！」是這種愛情裡最容易出現的台詞，其中某一方，認定自己所想的就是對的，並且強迫伴侶無條件接受這種想法，以至於形成一種執著，當對方無法符合這些想像的時候，就會出現責怪的語氣和語言：「你看看，我不是早就叫你不要這樣做了嗎？」

「分手欲」形成的逃避癮

第四種心態，是未愛先走的「分手欲」所形成的「逃避」之癮——**如果你愛我，就不要靠近我**。

「落跑症候群」就是用來形容這種愛情心態。對這樣的人來說，關係越靠緊、就彷彿有一種說不出口的窒息感、可能喪失自由的恐懼感，所以分手常常分得不明究理，徒留一堆感情債。

上述四種感覺，從愛情剛開始的時候，就可以略窺端倪了。

然而心理學家說，這四種心態都是自己逃避和別人建立親密關係的特徵，除了在情人之間會出現，在朋友、同事之間也可能重複發生……換句話說，我們就是用這種瘋狂的招式來逃離穩定的親密關係。

要走出這種為愛瘋狂的狀態，首先要問自己的是：我能否辨識自己的「癮」是什麼？

那裡頭不僅有你的欲望、你的堅持，也有你的害怕。

然後再問問自己：你真的要這樣一直繼續下去嗎？

「想讓戀情修成正果，也許是找到一種，讓瘋狂的愛歸於平淡的方式。」

——回應電影《派特的幸福劇本》

同場加映——

電影介紹《派特的幸福劇本》

漂浮自我，讓你在愛中載浮載沈

「我喜歡並習慣了對變化的東西保持距離，這樣才知道什麼是不會被時間拋棄的最佳準則。比如愛一個人，充滿變數，於是我後退一步靜靜地看著，直到看見真誠的感情。」

——《西雅圖夜未眠》

當愛情來臨時，並不是每個人都會敞開雙手迎接它，即使在意識層面想像它可能有許多美好，潛意識層面卻對可能發生的愛情感到懼怕，好像投身於愛後，未來就會發生什麼可怕的事情。

所以當愛來臨的時候，我們忍不住要逃避；當我們不小心進入愛情關係，日益加劇的焦慮，又讓我們在關係裡頭不停地閃避……

心理學家說：「這可能是一種漂浮自我的現象」——由於心裡頭的脆弱讓我們動蕩不安。我們之所以懼怕愛情，是因為害怕這樣漂浮不定的自己，一不小心就會被外來的「侵害物」給吞沒。

為什麼你會害怕愛？

她一遇見他，他們就深深被彼此吸引。

於是，他開始追求她，她也以為自己會愛上他，但就在他們逐漸靠近的時候，她突然變了一個人——她不回他的電話、訊息，開始挑剔他身上一些莫名的小毛病，找盡許多瑣事和他吵架。

某次，她甚至請自己的姐妹淘扮成網路辣妹，在聊天室裡傳照片和他搭訕。

當姐妹淘傳訊給他時，她正坐在一旁監看他的回覆。一看到他如預期般地回覆了姐妹淘的訊息，她的心情瞬間墜入谷底。在吞不下那口氣的情況下，她搶過姐妹淘手上的鍵盤，機關槍掃射般地發訊質問他：「〇〇〇，你知道我是誰嗎？」接下來的訊息也如子彈般猛烈攻擊，左開弦、右攻防……到彈藥用盡時，他嚇得不再敢和她聯繫，而她則是氣急敗壞、又懊惱不已。

她不知道自己究竟氣什麼？怕什麼？又為何變得如此無理？

我想，她害怕的是愛。她害怕去愛別人。

為什麼人會害怕愛？

心理學家做了許多的探究與分析。其中某種說法是：當你從小對人缺乏信任時，便會對親密關係感到恐懼。困難的是，我們很難懼怕一個人，又同時愛著他——所以當你恐懼的是「親密關係」時，也代表你同時懼怕著你可能愛上的人，於是你便很難真正愛著他。

除非，你願意去克服這種恐懼。

若即若離，是因為害怕失去了對自己的掌控

關於極度恐懼，在我身上有一個非常鮮明的經驗。

童年的我，曾經數度溺水，因此成年後的我，對於水、海、河、湖……都有莫名的恐懼。一點也不誇張，曾經美容師趁我睡著時，在我臉上敷面膜，結果我慘叫一聲，以為自己溺水般地驚醒過來。

嗯……不過這種恐懼裡頭，常常還藏有一種深深的嚮往。某次，我就為了要親近海水，隨著一群朋友到綠島學習浮淺。

還記得那天，我全身著了潛水裝，跟著教練到海邊的淺窪練習呼吸。印象中，那是一個相當簡單的訓練，不過就是閉氣把頭放進才十幾公分深的水窪裡而已，但我的鼻子才剛靠近水面，就氣息紊亂地緊張起來。花了超過半小時的時間，我始終無法將自己的頭放進那個淺窪裡。於是我放棄了，穿著全副潛水裝，自暴自棄地在陸地上騎機車亂晃。

那種感覺真是令人想哭啊！你怎麼都無法親近你如此渴望的那些事物。

在路上閒晃的那段時間，我不斷深入自己的恐懼，並思考著：

我在害怕什麼？

我又想逃避什麼？

那是一段極為靜謐又私密的動人時光。思考時，我從焦躁不安逐漸平靜下來，機車的聲響也從雜音回到一個穩定的音頻。我發現自己存在著一種想像，好像只要把頭伸入淺窪中，我就會被那灘水給「吞沒」了，再也回不來。

被某個人、某件事、某項物給吞沒，往往是我們對外在最大的恐懼。

想通了這點後，某天，我帶著自己到一處美麗的海岸邊，勇敢地將自己的身體拋進大海裡（當然，只有十幾公分的深度）。這次，我非常聰明的，沒有讓自己鼻子朝下，太過直接去面對恐懼；而是將後腦勺朝下，讓沖到我身上的海水，帶我適應自己的恐懼……

這次的「海水體驗」只有一個字可形容：爽！

這讓我想起電影《西雅圖夜未眠》裡頭的那句台詞：「我喜歡並習慣了對變化的東西保持距離，這樣才知道什麼是不會被時間拋棄的最佳準則。比如愛一個人，充滿變數，於是我後退一步靜靜地看著，直到看見真誠的感情。」

的確，「保持距離」是我們面對「變數」時的最直接反應，但時間一久，這份「距離」卻可能讓我們忘了自己當初的渴望，或者，錯過「變數」可能帶來的美麗冒險。

誰說「變數」裡頭，不會有未知的美好呢？

越是對你保持距離的，你越渴望。

「你想要保持距離的，不見得是你真正想要保持距離的。」嗯……這句話簡直像在繞口令一樣，但說明了一個我們常用的心理保護機制：反向作用。

你已經長大了，還需要「保護」自己嗎？

所謂的「心理保護機制」，顧名思義就是：你的心理會預設那些可能讓你受傷的事物，並且默默想方設法地避開它，以免你受到傷害。

比方說，小男生會欺負喜歡的小女生，以隱藏自己的心意，以免被同學嘲笑他「男生愛女生」。

另外，我還遇到一位小男孩，媽媽第一次抱

他到草皮上玩耍的時候，他剛好穿著短褲，被小草扎著他可愛的小腿，卻讓他覺得既陌生、又不舒服，當場大哭了起來，媽媽只好抱著他離開草皮。從此之後，他只要看到「草皮」，就拒絕靠近。

但隨著他年紀越來越大，卻常常望著草皮上嬉戲玩耍的小朋友，一邊露出渴望的眼神，一邊卻還嘴硬的說：「哼！我一點也不想跟他們玩。」

呵呵，這種孩童時期的保護心態，倘若你在旁邊靜靜觀察，可能會覺得小孩的舉動真是可愛；然而，當一個成年人也流露出這樣的保護心態時，我們卻變得容易忽略這一切。

為什麼呢？

因為小孩要懂得保護自己，我們都可以理解，但……都大人了，還需要這樣保護自己嗎？不免太不可思議了（其實是自己不想接受，大人原來還是這麼脆弱的事實……）

這讓成年人對於自己的脆弱與渴望藏得更深，也讓我們習慣去屏除自己曾經印象深刻的渴望，用一種距離遙遠的方式來遠觀它……

或許，這真是種自我保護的安全方式，只是，裡頭可能暗藏著遺憾。

安全和遺憾，哪個重要？那得要靠我們的真心來加以評斷了。

「『保持距離』是我們面對『變數』時的最直接反應，只是，誰知道『變數』裡頭，會不會有未知的美好呢？」

——回應電影《西雅圖夜未眠》

同場加映——
電影介紹《西雅圖夜未眠》

you

lost

Chapter II

愛別離。

還愛著你，為什麼，你想離開我？

love

「我到底哪裡做錯了？」

分手，有時只是為了解脫。

即使費盡力氣，

想挽回的……

只是還想去愛、還被愛著的自己。

lonely

myself

依戀不放，就能修成正果？

「我們最接近的時候，
我和她之間的距離只有 0.01 公分。」

——《重慶森林》

當我們意識到自己的愛情可能面臨分離時，不論兩人之前經歷過什麼，內心深處總有個聲音：「捨不得」。

「捨不得」是一種相當奇妙的感覺……就好像當你看見他時，彷彿可以感受到他的氣息；好像你仍然可以解讀他表情微動下所有的含義；好像他眼神裡，還是你所熟悉的思念，以及無數過去累積出來的曾經。因為無法想像沒有他的明天，即使痛苦也捨不得放手，所以寧願讓自己閉上眼，將那些問題視而不見——那些存在我們之間的衝突、差異、冷漠、不諒解……都別再提起了，不用面對也不必要解開了。只要維持現況就好，只要我們還在一起就好。

我們努力在猶豫中，找出愛情還沒燃盡的證據。這就是：分離焦慮。

我還沒準備好要放手

對分離的負面感受，從我們年幼的時候就已經出現了。

在生命最早期，由於我們內心的「自我感」還沒有發展出來（人有「自我」的概念，通常是將近一歲之後的事），此時，倘若我愛的人離開我身邊……嘖嘖，你可以想像一下，那就像有一天你清晨醒來，發現世界不再有太陽一樣，那可是會危害生存的慘劇。

這背後最大的恐懼便是：因為我們沒辦法想像有天失去陽光該怎麼生活，所以依戀著陽光卻不自知，直到太陽可能不見時，你才開始驚覺它的存在如此重要……

愛情也是如此，當你有天發現彼此可能分離時，才特別會注意到自己對這份愛、對這個人的依戀。但這種感受裡頭，混雜著對「分離」的焦慮感——特別是，當你好像打算離開我，而我似乎還沒準備好要與你分開的時候。

心的親疏遠近，決定愛的緣深緣淺

交往才沒多久，他很快就發現，他和她是兩個不同世界的人。

她每週日都要上教堂禮拜，他則是初一、十五都要拿香拜拜……每當他把香遞到她眼前時，他總覺得在她拒絕的眼裡帶有一抹蔑視。

每到選舉前，她都要到某候選人的競選場合參與造勢，他每回南部老家，就會聚在廟口聽鄉親說那位候選人的不是（是的，就是她支持的那位）……搞得他覺得自己都快分裂了，她還是不斷告訴他：某某某的政見理念才是對的。

看著她高談闊論的時候，他總是默默傾聽，心裡有股陌生感，彷彿眼前的女子離他甚遠；他們沒有對話的空間，因為他認為只要自己一發表意見，他們就會陷入爭執。為了避免吵架弄得兩人生活一團糟，他選擇了沈默。心裡卻偷偷想著：這樣的日子可以撐多久？

果真，沒過多久，她漸漸不再說了。

他再也沒看到她眼裡的蔑視，因為他們幾乎不再眼神對視。為此，他默默地鬆了一口氣，但又偷偷覺得不安，她的這股安靜似乎來得十分不尋常……只是他寧願相信，這片沈默意味著他們已經找到和諧共處的方法。

「我們這樣下去不行。」不再爭吵的生活過了一段時日後，他收到她從網路傳來的訊息，「或許結束對我們彼此才是最好的。」

收到訊息的當下，他立馬跨上機車，用最快的速度盡全力往她家前進。到達後，他狂按大門的電鈴。等門一打開，他迫不及待地上前抱她，卻被她一把推開。

「你做什麼啊！？」她口氣裡有一絲生氣。

「妳不要鬧脾氣嘛！」一開口，他才發現他倆似乎已經許久沒有這樣面對面說話了，「妳看，妳一鬧脾氣，我不就趕來了嗎？」

「你有神經病啊！我不是說要跟你分手了嗎？」她的眼神已帶有防衛，身後的家人也聞聲而來。

「你以後不要再來找我了。」這是她給他的最後一句話，然後轟然關上無情的大門。

他完全無法接受，這就是他和她最後的結局。

他不是沒有想過兩人有一天會走向結束，但在他的想像中，那個結局應該更美一點，而不是像現在這樣缺乏美感！

即使他拼了命地想要挽回：訊息、電話、信件、鮮花……但她一概不願接受。他失去了前些日子的平靜安穩，覺得被她折磨得快發瘋了。

「為什麼妳要這樣對我？」他問她。

「那為什麼你之前又要那樣對我呢？」分手後，她唯一回答的只有這個問題。

她怎麼對他？她不讓他繼續在自己生命中占有一席之地了。

他之前又怎麼對她？不正是不願親近了解她嗎……只是他還沒想到，原來此後他將失去親近她的權利。

電影《重慶森林》裡頭有這麼一句經典台詞：「我們最接近的時候，我和她之間的距離只有零點零一分。」

零點零一公分的親近，是生命最初就有的貪戀；也正是這種曾經的靠近，才讓人在面臨分離時感到焦慮。因為之後所有的距離，似乎都相對於這零點零一公分的依戀而存在。

他忘了：其實分手前，她不再與他親近的那段時光，早已取代那零點零一公分的靠近，成了他心裡最安靜美好的一段時光。

對愛依戀的特徵

心理學家安沃斯曾經做過一個有趣的實驗，他找來一群嬰兒：首先，讓他們和母親單獨在房間裡；接著，進來一位陌生人、母親則悄悄離開，他們就觀察嬰兒此時的反應；之後，母親再次返回房間，他們也再度觀察嬰兒的反應。

實驗結果發現，嬰兒的反應大致可分成幾種：其一，母親不在就哭，回來後笑著找媽媽；其二，母親不在時會哭，回來後生氣地打媽媽；其三，對於母親的離開和返回沒什麼反應，甚至出現發矇的表情。

這個實驗結果被許多心理學家用來探究：人們內在的安全感，會對親密關係裡的心境與行為產生什麼影響？在關係裡頭，我們可以整理出下列四種依戀特徵：

我愛你，我相信你也愛著我

如果你是這種狀態的人，又恰好遇上這種狀態的人，那無疑是抽到了愛情的上上籤（只是抽到這支籤的機率很低），你們可以成為彼此的避風港。但從我的工作經驗中發現，這種「避風港」類型的人，相當容易吸引到那些習慣在驚濤駭浪中打滾的人。

如果你就這麼被黏上了怎麼辦？首先，確保自己的穩定不要被徹底打垮（偶爾抓狂是必然的，特別是當你遇到下列第二種人），接著，你要設定一個停損點，確保自己與對方的界限在哪裡。

我愛你，但我不相信你也同樣愛我

「想要親密，又怕被拋棄」——便是這種心態下的典型情感。不瞞大家說，年輕時的我相當偏向這種狀態，所以且讓我來個心理師的自我表白：這種人真是容易害怕、又容易生氣，既要向伴侶討愛、又不願意信任愛！

是的，如果你也是這種人，你得要知道：親密關係中的一切，你所想的總比現實生活來得糟。所以如果哪天你遇上了一個人，不論你多麼難搞卻還是對你不離不棄，你所要做的，不該再刁難他，而是深深感謝他。

我想要愛你，但我需要保護自己

如果你是這種狀態的人，只能說，也許你總是愛得很「節制」，以免自己陷入太深的情感糾葛中。所以你的親密伴侶可能會說：「他不懂你」、「你離他很遙遠」……但也許，連你自己都還不太懂得，你對他到底有多愛？

「看見愛」、「承認愛」、「願意愛」——便是此類人的重要課題。

我不太可愛，而你也不太能被我所愛

比起前面三種類型，我認為這種狀態下的內在自我更為矛盾。或許是因為生命中的缺乏感已被深深包覆，不曾體會過被愛的踏實，所以連「愛」為何物？都還在花時間找尋。

在這種狀態下，他們會想進辦法引發別人的反應，以體驗被愛的感覺，卻又對此感到深深不安……總而言之，就是一種既矛盾、又混亂的狀態，可能愛和恨、哭與笑，常常糾葛在情感生活中。但只有自己才明白，也許你只是不懂如何愛而已。

「好慘哦！」你可能會這麼想。其實一點也不！面對「不懂」的事情，最簡單的做法就是「學習」而已，就像嬰兒踏出世界的第一步一樣，別忘了，你現在擁有的一切，都是這麼得來的。

「為了那零點零一公分的依戀，你忽略了：也許你早已準備好，放下這零點零一公分的焦慮。」

——回應電影《重慶森林》

同場加映——電影介紹《重慶森林》

分手，有時只是為了解脫

「在這世界上，
只有真正快樂的男人，
才能帶給女人快樂。」

——《P.S. 我愛你》

不想見面的念頭、想分手的念頭、不如歸去的念頭、躲起來的念頭……有時，我們在愛情裡感到失望了、感覺好像看清眼前這個人不是我們所要的對象了，所有的情愛就會化約成一種「突然浮現心上的念頭」。好像在為沒有出口的愛解套、為感到窒息的愛解套、為生命裡那一些不對勁解套……

「分手」，有時不是一種看破，而是一種簡化的結果。我們以為只要化約為零，也許就有重新開始的機會。

去愛，無法替寂寞解套

從前從前，有一個孤單的小男孩。

他是媽媽肚子裡最後一個出生的孩子，所以哥哥姊姊的年紀都比他大上一截，但就在他三歲那年，父親過世了。因此六個兄弟姐妹，從此以後靠母親的一份薪水養大。所以在他記憶中，他是沒有母親的。或者該說，有很多個母親——前面四位平均比他大上十歲的姊姊們，也都是他的母親。只是，這些母親只知道「管他」，不知怎麼「愛他」。

比方說，大姐——媽媽之下就是她了。她忙著上班，也忙著用電話緊盯他放學有沒有乖乖回家、不可以偷跑出去玩。二姐呢？則是每天早上幫他做一個便當留在電鍋裡，讓他回家不至於肚子餓。至於三姐、四姐、小哥呢？正值青春年華，天天跑到外頭去談戀愛，然後仗著自己虛長幾歲，要求他這個小弟弟要待在家裡「顧家」。

什麼鬼呀？他心想：家裡什麼都沒有，我待在家要幹嘛？

無奈哥哥、姐姐們的一、二、三道聖旨，通通是以保護之名，行將他軟禁之實。在家裡的他既孤單、又一無所有……只好一個人晃晃蕩蕩的，度過寂寞難耐的一天。

當這樣的他，和她交往七年之後，還是沒辦法習慣一個人「顧家」的感覺。

有時她明明就在他身邊，他卻要用身體所有的感官，盡可能地占滿她的身心，才能感受到她的存在；但當她一不在身邊的時候，他又回到一無所有的感覺。好像他心頭上有一個難以填滿的大洞，有她的時候，這個洞只被填滿了一些；沒她的時候，也只是少了這一些而已。食之無味，棄之可惜；看破一切，只好不如歸去。

最後，他終於選擇和她告別——因為他始終沒辦法忍受她有時不在身邊，那讓他又墜入「一無所有」的感受，也令他想起童年一個人在家時，那寂寞又沉悶的安靜。所以想要重新尋覓一段新戀情，尋找一個不會再讓他單獨面對寂寞的人。

只是，十年過去了，他依然還沒有找到生命中那個「對的人」，他依然害怕一無所有……寂寞彷彿變成他的胎記，他走到哪裡、寂寞就跟到哪裡。

「如果她還在，或許寂寞也沒有那麼難受了。」當思念她時，他心裡會偷偷這麼想。但他明白，這一切都是他當初的選擇。

這讓我想起電影《P.S.我愛你》裡頭的那句話：「在這世界上，只有真正快樂的男人，才能帶給女人快樂。」也許對我們每個人而言，真正的重新開始，就是讓自己成為一個快樂的人。「快樂」是一種「從自己身上獲得滿足」的能力，那些曾經的願望，其實不用透過侵略或剝奪別人就能實現了。

該等待被愛，還是先去愛？

心理學家狄奧多·芮克曾用一個例子來形容情人之間的互動關係。

他說，這就和音樂家與聆聽者之間的關係一樣，音樂家作曲奏曲、聆聽者聆聽，他們在同一首曲子裡頭，產生某些相通的情感共鳴。然而，他們之間的差別是：音樂家是先有情感，再將這些情感化為音樂；聆聽者則是先聽音樂，才從中勾起某些情感。兩人雖然因為音樂而融合在一起，情感的發生次序卻是相反的。

你愛被掌控，還是愛掌握？

同樣的，親密關係之間也是：有些人因為情人出現了，內心某些情感被引導出來；有些人則預備著某些情感，等情人出現時，便化為對他的愛。

後者，因為懂得隨時體會、覺察、預備著自己，所以當愛情降臨時，心裡會無限驚喜——我們可以把這狀態稱為「主動愛」。這不是看到獵物就撲過去的那種飢餓感，而是他們心裡有愛，所以容易見到愛。

反之，「被動愛」又是什麼景況呢？對我來說，我會形容這種人是「離自己很遙遠」的人，因為沒有充足的安全感，所以連自己的心都很難靠近，只能等到有人悄悄闖進心裡了，才措手不及地被動接招，要不就是保護壓抑。

容我這麼說好了，等著被愛像是一種「掌控」，主動去愛則是一種「掌握」——前者是聆聽者，後者是音樂家。

舉個例子來說：某天，我正想找個咖啡廳圖個安靜，結果才坐下來，一對男女後腳就跟著坐到我旁邊的位置上，而且女孩的高頻笑聲讓我頓時產生一種不舒服的感覺，滿心想跟她說：「小姐，妳聲音很尖，可以小聲一點嗎？」

這個想法一出，我心裡一驚，天啊！這是種攻擊語言啊！怎能如此？不然換個說法好了：「小姐，不好意思，可以請妳小聲一點嗎？」呃……這想法一冒出來，我又覺得自己太假了。

滿心糾結下，我只好靜靜坐著，先感受當時的難受與不舒服。就在此時，我突然發現：哎呀，原來這女孩似乎對眼前男子有好感，所以才用一種誇張的方式引起他的注意力，還好我剛剛沒有發作，否則不就破壞她辛苦經營的美好時刻了嗎？

可是，我實在還是覺得很吵，後來我尊重自己的感受，離開了那間咖啡廳。

步出咖啡廳，我不斷咀嚼旁觀方才一幕的感受，心底突然升起一種感受：也許我之所以會想攻擊那女孩，是因為以往我就是像她一樣，用如此怪異的方式在表達愛意。

這段思考彷如天降甘霖一般，將我的陰霾一併掃除，我十分慶幸，方才那一刻，我沒有出言攻擊……我對那女孩的感覺，轉變成一種真心祝福的善意。

這種「自我反思」的歷程，就是我們對自我「掌握感」的養成歷程；它不同於忍耐和壓抑，只是想要緊緊「掌控」自己、遠離行為偏差而已。

是的，學習「掌握」自己的感覺，有助於我們蓄積自己的情感，體會得到別人的愛，並且知道哪些人是你真心所愛。

「『快樂』是一種『從自己身上獲得滿足』的能力。那些曾經的願望，其實不用透過侵略或剝奪別人就能實現了。」

——回應電影《P.S. 我愛你》

同場加映——

電影介紹《P.S. 我愛你》

一旦愛了，就無法畫上句點

「曾經痛苦，才知道真正的痛苦；
曾經執著，才能放下執著；
曾經牽掛，才能了無牽掛。」

——《西遊·降魔篇》

心理學家說，我們可以將成年人的失愛，看成嬰兒時期面臨「斷奶」的感覺——當所愛的人走遠，就像乳房離我們而去一般，是一種令人憂鬱的感傷。所以，成年人說：「愛人，別走」的心情，就像嬰兒在喊：「媽媽，別走」的心情。

如果你對「嬰兒斷奶」略有了解，就會發現，一切絕非「奶斷了」就可以了事。因為斷奶之後，嬰兒必須將對「奶」的依戀轉移到其他更複雜的食物上，才能鍛鍊牙齒、骨骼，讓自己長得更成熟、健康。它是一段相當需要耐心的歷程，所以在斷奶之前、之間、之後，嬰兒都可能會受創。

同理可證，失愛之前、之間、之後，我們也會經歷一段哀悼的歷程。

這就是為什麼，愛明明還沒走到句點，你就會開始感到難過；愛明明已經快走到句點了，你們之間卻還有故事可能發生；某些你以為自己已經遺忘的情感，在畫下句點之後，卻又悄悄地從潛意識深處爬出來……

因為愛，本就難以畫上句點。

被設限的愛，止於無聲之時

大家都說，她對他的愛，簡直是不求回報的那種。

怎麼說呢？她總是冠冕堂皇地進到他獨居的宿舍，為他整理家務，舉凡清冰箱、倒垃圾、縫鈕扣……大概除了洗內褲之外，所有可以做的，她全都做了。只是她完成了所有「傭人級」的事務，卻得不到「老婆級」的加冕，他從來不願在朋友面前承認她。即使有人懷疑，為何她總會有他家裡頭的鑰匙，他也總是說說笑笑，就帶過這些敏感話題了。

朋友們都笑她傻，但實際上她卻覺得自己在這段感情裡，是被愛滋潤的一方。她像個崇拜者般跟在他身後，偶爾陪他去 PUB 喝喝小酒；在他微醺之後，她會陪著他回宿舍，安靜地幫他脫掉鞋、襪，然後兩人的身體就這樣不經意地貼在一起。這時，他的手會開始在她身上遊走……她不只任由他探索任何他想去的地方，更恨不得他能再貪求更多。

可惜他沒有。他總是在醉意下吻遍她每一片肌膚，但他從來不親吻她的唇，甚至有好幾次，眼看兩人就要完全緊密結合了，他卻驚嚇似地突然清醒過來，懊惱地向她道歉。

「為什麼要抱歉呢？」她問。

「對不起，我真的沒辦法。」他說。

她的苦從來不是為他付出的一切，也不是他肆意而為的冒犯，而是他從來不肯抵進兩人間最後的防線。幾次她哭著求他，他也辦不到。

那一天，她知道他會晚點下班，但她就是忍不住思念，又來到他的宿舍等待。

她本來想要躲在門口給他一個驚喜，卻聽見門裡傳來女人的笑聲，於是她用力地敲了敲門，然後看到他和身後女子錯愕的表情。

她幾乎沒有任何時間弄清楚眼前兩人的關係，不顧他的叫喚拉扯，頭也不回地衝出去，跨上機車，急速往前飆……

結果，她和對街來的車子撞上了。

悲劇般的分離，會在心裡留下最深的割痕

「嘖！好不意外的結局喔……」聽完她的故事，我忍不住皺起眉頭。雖然他們不是正式交往的情人，但又好像可以套進劈腿、車禍的老梗。只是，那女人為何出現在宿舍裡，她還是從頭到尾沒搞清楚啊！

「是啊！也許就是這麼老梗、悲情到連命都豁出去了，我才能徹底死心吧！」她說。

「唉……」我和她同時嘆了一口氣。就像斷奶的歷程：我們需索著乳房，但乳房卻不一定需要我們；我們渴望著與母親的肌膚相貼，卻被迫要和奶水與親密分離。如果不製造一個悲劇般的結局，怎能輕易離開如此眷戀的事物呢？

那不是別人評斷這件事情好或不好，就能因此改變的感覺。面對渴望極深卻不可得的事物，我們都需要好好哀悼。

「還好妳記得把小命保下來了。」我說。

「是啊！」她淡淡地回，「這樣我才能逐漸明白，他當初的拒絕，其實是一種良心的表現。雖然，那曾經讓我覺得自己很賤……但我想，那已經是當年的我，覺得最美好的一種選擇。」

電影《西遊．降魔篇》裡頭這麼說著：「曾經痛苦，才知道真正的痛苦；曾經執著，才能放下執著；曾經牽掛，才能了無牽掛。」

曾經發生的一切，即使人走了、景色全非，我們的思考與回憶卻不曾畫上句點。真正的美好，是不管生命發生怎樣的插曲，你都能在人生路上，繼續勇敢地將劇情寫下去。

總有一天，你就什麼都明白了。

失愛時，救自己一命的「心理韌性」

什麼是有韌性的人？就是在挫折中，能對抗壓力、走出低潮的人。

克莉絲蒂娜．伯恩特在《韌性》這本書裡頭如此寫著：

有韌力的人在面對自己命運時，不會怨天尤人（我把它解讀成，不會「花太多時間」怨天尤人），願意接受現實以及伴隨而來的負面情感。他們不會輕易將自己視為受害者，並且認為命運可以掌握在自己手上。

讓我藉由以下內容，告訴你面對失愛挫折時，該如何幫助自己走出低潮。

首先，你要接受你的負面感受。

在我的工作中，看過許多遭逢人生各類狗屁倒灶事情、還有因為各種莫名原因失愛的人們，我認為最為痛苦的一種人，便是不斷勸自己「趕快好起來」的人。

為什麼呢？

因為我們的心智有一個相當奇怪的現象：某些事情，當你越強調不要去想它，它越容易在你無所事事、夜闌人靜的時候跑出來騷擾你。所以你只好透過做其他事情，來轉移對這些事情的注意力，於是你變成一個壓力更大的工作狂。結果撐著一個月、三個月，有些人一年、三年……被那些壓抑的感受一次反撲，整個人因而陷入更深的低潮。

其實，我們內在自有對負面感受的修復能力。當你接受並允許它表達出來，快則三個月、慢則一年，你會在心情起伏中，感覺到自己的波動逐漸變小了。

是的，這就是失愛後，心理韌力的第一層展現。

其次，你可以怨天尤人，但不要花太多時間去將自己形塑成受害者。

許多人遇上挫折時，容易透過「怨天尤人」來轉移心情上的不適——這道理很簡單，因為覺得是別人的錯，要比面對自己的責任來得容易。但這背後卻有一個危險，你會花上大把力氣，把自己塑造成一個不折不扣的「受害者」。

前些年，我的人生曾經面臨很大的挫折，創業失利、好友決裂、黑函攻擊……然後親愛老公又逢此時被調到國外常駐一年，留下我自己帶兩個年幼的小孩。某天，我在睡夢中碎念那些把我「害成這樣」的人，結果龐大壓力下，我居然在睡眠中起來「夢遊」，在床上走來走去，結果不幸地，我就這樣從床上掉了下來，「喀」一聲，腳指頭骨折而不自知，半夜三點的時間，只能忍痛又睡回床上（那時我才明白，原來不能買太高的床……）接著我幾乎因此延續了超過一年「腳總是包著、臉總是苦著」的時光。

我每天都在心裡咒罵某些人，但這並沒有讓我過得更好，我的頭頂上彷彿有頂烏雲，稍微有點吉光的人都不敢朝我靠近，我自然是衰事連連，好久翻不了身。

所以在失愛後，不讓自己落入曠男怨婦的苦情中（也就是別老想著，都是誰把我害成這樣），便是心理韌力的第二層展現。

最後，你要相信命運掌握在自己手上。

這部分是我認為最最重要的一點——不管任何人怎麼拷打你，千萬不要輕易更改這個立場。

我十分相信，每個人的「基底」都是「正向而有智慧」的人，只是遇上了許多生命自然發生的挫折，便逐漸將這些智慧所掩蓋。在我衰到爆點的當年，某天，我翻到自己過去考研究所時的筆記，上面只寫了五個大字「你一定會考上！」

年輕時那麼簡單的一句話，卻將數年後的我給深深震撼了！雖然我沒有電影《回到未來》裡的時光機器，但我堅信那是年輕自己要留給年長自己的重要訊息。

我開始反省自己衰事的由來：「自己究竟犯了什麼錯？」

不蓋你，這真是超有用的一件事，反省自己，讓我發現「自己還可以做些什麼」，而不是「別人為什麼那麼做」，命運的掌握權因此重新回到我手裡。

所以，我重新聯繫了幾位關係破裂、卻總心繫著的朋友，在一次次坦誠以對的咖啡時間中，互罵、分享、流淚，然後彼此祝福……（我的一位朋友還說，在四十歲那年，她把舊情人通通約出來，並一一和他們和解……）

於是，我勇敢面對自己曾經的錯誤，即使到最後，許多當年的人事物及情感都回不來了，但心裡則是多了一份「豁達」。

是的，「豁達」——是心理韌力的最終展現，也是上天送給每一位走過低潮的人的贈禮。失愛後，我們將成為一個更具韌性的人。請你也這麼相信。

「我們都曾經痛苦，曾經執著，曾經牽掛……

但當你繼續勇敢地將故事寫下去，總有一天，你就什麼都明白了。」

——回應電影《西遊．降魔篇》

同場加映

電影介紹——《西遊．降魔篇》

費盡力氣，最後我還是失去了你

「那些消逝了的歲月，
彷彿隔了一塊積著灰塵的玻璃。
看得到，抓不到。」

——《花樣年華》

愛一個人，往往不是平靜的開始，而是內心波濤洶湧的開端——因為沈睡在潛意識海洋裡的心理張力，找到抒發的出口，一波波地朝愛人身上肆意灌注。

如果可以，誰都希望這份愛的傾倒是自由而專一的，只是某些時候，我們卻遇上那些阻礙自己保持單純的對象。然而，再多掙扎似乎也於事無補，進駐心底的身影像蟄伏不肯離去的魔鬼一般，惹得你全力備戰，拚死都要留在這份充滿吸引力的關係裡。

是愛嗎？還是一份充滿征服的欲望？

是堅持嗎？還是無路可退的不甘心？

為什麼？我們要為了愛而費盡力氣？

除了愛，一切都不重要

她遇上他的那年，是才十八歲的青春年華。趁著課業空檔，她在大學附近的餐飲店打工，他則是學校裡的老師，也是店裡的常客。

他的身材保養得宜，俊俏的臉蛋讓人無法聯想到他將近四十的年紀。他每次到店裡來的時候，總是跟著一群學生，她遠遠地觀察他，看他時而比手畫腳、逗得學生呵呵大笑，時而表情嚴肅、讓學生忘情專注地看著他……不知何時開始，她也逐漸喜歡看著這樣豐富迷人的他。

所以當他收下她的情書時，她有種飄飄然的感覺——不敢相信如此耀眼的他，居然願意接受平凡的她。然後他帶她到郊外的汽車旅館，互相傾訴心意。噢，對了，她強調，那天他們之間什麼都沒有發生；他只是輕輕地擁著她，告訴她，她是個多麼美好的女孩。之後好幾次亦然如此。直到她說，她想要成為他的女人，而他也終於讓她成為他的女人。

雖然他年長她二十歲，雖然他的教師身份讓他們不能光明正大在陽光下手牽手走著，雖然他身分證的妻子欄位上還填著另一個女人的名字……這些都不重要，只要他愛她，就夠了。

為了愛，義無反顧地賠上自己

他第一次把她惹哭，是他坦白「我太太懷孕了」的那天。

「抱歉。」他說。在她的眼淚中，他不斷和她做愛。

她的身體在痛苦的糾纏中歡暢著，淚水卻不停地流，好像內心深處開始有些東西被喚醒……她一次又一次迎向他男性的軀體，想要霸占他身上所有的精力和溫柔。

之後，她就常常一個人默默地流著淚。在他不在她身邊的時候，在他陪妻子去產檢的時候，在他陪妻子待產的時候，還有，在他妻子第二次懷孕的時候……

「抱歉。」當他再次告訴她「我太太又懷孕了」的那天，他說了同樣一句話。

這次，她奮力開車衝向馬路，撞上了路邊的安全島。

他急急忙忙送她到醫院後，醫生告訴她：身上有好幾處挫傷，但多加休息就沒事了。

她突然覺得憤怒，從十八歲以來，所承受的一切，心早就損傷得無以復加了。於是面對焦急跑來想了解狀況的他，她撒了一個謊。

「醫生說，我傷到骨盆，以後不能再生育了。」她對他說。看著他痛苦萬分的臉孔，她心裡燃起一股交往以來從沒有過的快感。

之後，她開始在夜半撥打無聲的電話給他、傳充滿誘惑語氣的訊息給他……偶爾她也會這麼對待他剛生產的妻子。

很快地，他妻子帶著一位大嬸上她家來按門鈴，那位大嬸朝她臉上狠狠甩了一巴掌，她帶著滿臉淚水和無辜的眼神靜默地退到身旁男人的身後。果然，他充滿不忍地護住了她。

「都是我的錯。」他對妻子說。

「是我先愛上他的，妳別怪他，妳打我好了！」她露出方才被打的臉頰，站到他身前。他又不忍地拉住了她。

那天，他隨妻子回家後。她一個人在黑暗中點燃不知何時開始會抽的菸，突然她一陣癡笑——原來看他那副不忍的模樣，她的心還是會痛啊！

「為什麼，妳要離開我？」黑暗中她問著。她問的不是那個男人，而是那個十八年華時，不要心機、單純愛著的自己。

她愛他，卻失去了對自己的愛。

我們再次見面之時，是她的婚禮。新郎不是年長的他，而是另一位有著溫暖笑容的平凡男子。

在喜綢上簽名時，我看到一個熟悉的名字——那個她曾付出一切的男人的名字。聽說，他默默地留下一個超級大的紅包後，就悄悄離開喜宴。

這種不打擾的祝福，是他為她所做的，最後的美好。

她現在幸福嗎？我不知道。但我相信，如果她想，她定然可以創造幸福。

電影《花樣年華》有這麼一句話：「那些消逝了的歲月，彷彿隔了一塊積著灰塵的玻璃。看得到，抓不到。」

然而，就像我們年幼時都愛看著水晶玻璃球裡的雪花娃娃，若積了灰塵，外面擦乾淨就好。擦乾淨、看清楚了，沒有人會真正想把玻璃球裡的娃娃給挖出來。

有些東西，看得到、抓不到的時候，才能被你真正保留在心底。

這也是一種「永恆」。

三角關係的親密與拉鋸

「三角關係」的概念，一直令許多心理學家費心探討。首先，佛洛伊德關注的是「孩子、母親、父親」的關係三角；精神分析學家克萊茵則將視野放在人們內心世界的三角關係「我、好客體、壞客體」（也就是「我自己」、以及我所想像的「好」與「壞」的關係——這些內在想像會投射到外在他人身上）。

我自己則相當喜歡拉岡的說法，他認為我們可以將這種「三角關係」的概念視為一種隱喻、而不見得是一種科學事實。而且我們探討「三角關係」時，除了看到三人之間所存在的嫉妒、搶奪之外，也要能體會，第三人的加入，其實也讓原本在關係中的兩人，產生一個以第三者角度客觀看待自己的可能性。

第三者，反讓你能看清

舉個例子來說，一對甜蜜的戀人結婚後，妻子常為丈夫下班回家後總是亂丟襪子覺得相當生氣，但怎麼提醒都沒有用，兩人之間的張力於是不斷提昇，演變成許多生活習慣差異的爭吵。直到妻子誕下一名嬰兒，某天丈夫突然發現，亂丟的襪子被自己的孩子撿來啃咬得津津有味時……他趕緊搶過襪子丟進洗衣桶，恍然明白，妻子之前為何對他生活習慣如此要求。

同樣的狀況也發生在妻子身上：她生下孩子後，全副心力都放在可愛的寶貝身上，眼神捨不得離開寶貝、隨時關注孩子需要什麼，完全忽略身邊有一個老公。直到老公出聲抗議，耍賴地不讓孩子睡在夫妻中間……妻子無奈下，將孩子放到他自己的床上，卻赫然發現孩子已經不需仰賴母親，就可以自己睡著了！

三角關係中，因為第三者的存在，某些在兩人關係中看不清的感受被強迫釋出——但它也是協助我們走向關係新次元的開始。

法國作家大仲馬有句名言：「婚姻枷鎖太過沈重，有時需要三個人才扛得動。」這句話也正說明婚姻治療師眼中的「三角關係」。因為兩人間關係太緊張，只好拉進第三人來減緩焦慮。

是的，我們有些時候，明明有了親密穩定的另一半，卻無法掌控地要拉第三人加入，才能確保自己仍能保有這份關係。

強迫性的三角關係

既然「三角關係」中的某些第三者，是被兩人關係的焦慮給席捲進去的，那麼想必我們當中許多人，幼年時也曾經捲入父母的婚姻，成為協助他們扛起「婚姻枷鎖」的靈魂人物（哎呀！真是功不可沒，但也苦了自己）。

倘若你習慣了這種三角張力，豈能甘於單純兩人關係的平凡？那平靜無波的雙人情感顯然像是一杯無味的白開水，非要加入第三者的調劑，才能激盪成濃烈的美味。

混亂的三角關係就像一股強迫的吸引力，拉扯出內心深處最幽暗的渴望。但我必須很誠實地說：你其實可以清楚看見，哪兩人才是關係中的核心？

倘若有天你發現，自己的存在也許只是那塊幫助別人支撐伴侶關係的墊腳石，你願意誠實面對自己並非關係中的主角嗎？

倘若有天你發現，自己拉進了無辜的第三者來支撐自己的伴侶關係，你又有勇氣面對自己心裡的聲音嗎？

「有些東西，看得到、抓不到的時候，才能被你真正保留在心底。這也是一種永恆。」

——回應電影《花樣年華》

同場加映——
電影介紹《花樣年華》

當愛名存實亡

「人生不能像做菜，

把所有的料都準備好了才下鍋。」

——《飲食男女》

有時，我們接受了愛，也生活在愛裡頭，卻打從心裡感到寂寞。

心理學家說，這是一種內在無法獲得完美的狀態在深深呼救——你心底有渴望，而你卻感受到目前生活搆不到自己的渴求。

你的心靈無法降低對完美期待的標準，所以你在關係裡感到寂寞。

究竟，人們深層的渴求是什麼？自古以來有太多不同的論述和探討，但我自己最喜歡的一種說法是——深層渴望的基礎來自於：嬰兒時期不需言語即能被完整了解的期待。不同於志同道合或情投意合，那是一種光靠「臍帶」就能輸送「期待」的歷程。

你是否曾經愛過我？

她從來都知道，他不是因為愛她才娶她的。

當年他和前女友分手後，朋友見他意志過於消沈，便卯起勁來幫他相親。最後他看上了她，因為她的容貌不俗、個性溫婉，外表看來頗上得了大雅之堂，但她一直不確定他對她的確切感覺是什麼。

婚後，他們兩人之間的話題極少，她也十分認命，他的學歷高出她許多，因此她便安於在家裡當個燒飯婆。只是有時，她會見他悠悠地望向窗外發呆，她非常想打開心門問他，但始終沒有那個勇氣。

嗯……或者該說，其實有幾次，她見他如此，便貼心地泡了杯茶，放到他沈思的桌前，踟躕不肯離去。

「有事嗎？」他問。

「沒有。」每次說出這話後，她都想咬舌自盡。那是她丈夫啊！她生命中唯一親密的愛人，她卻連一句：「你還好嗎？」都開不了口。

為此，她的心裡充滿了失落。某次，在電腦裡不小心發現他平常看的A片，她看著、看著就入迷了，於是逐漸染上了自慰的習慣。有時他會在醉後壓上她的身，她以為他會像影像中那些身軀一樣地對待她，但他總是草草了事，好像她是一具沒有情感的玩偶。所以每當他不在身邊的時候，她總是抱著自己發出銷魂的輕嘆。直到汨汨湧出的液體滋潤了核心，她的眼淚也沾濕了枕巾。為什麼別人會稱這是一種「自我安慰」？這明明就是一種「自我提醒」的寂寞。

愛而說不出又不可得，她看著他，好像他們重疊的身影之外，還有不知名的第三者。

寂寞，源於那些說不出口的絕望

「如果妳有足夠勇氣，妳想對他說什麼？」聽完她的故事，我忍不住要問。

「嗯……你為什麼不愛我？」她說。

「妳怎麼知道他不愛你？」我又問。

「他現在這種表現，顯然不愛我吧？」她說。

「那你幹嘛不直接問他就算了？」

「我怕他不知道怎麼回答我。」

「怎麼說？」

「他可能擔心說出來的話會傷害我，畢竟我是他太太。」

「看來妳覺得他會回答，他不愛你。」

「當然，我知道他十年前有多愛那個女人。」原來他和前女友分手已經十年了。

「看來妳愛上的，是愛著另外那個女人的他。」我說。

「那真慘，原來和他結婚的那一刻，我就已經輸了。」

我替她感到慶幸的是，她回家後，終於問了他先生那句話：「你為什麼不愛我？」

她先生先是一愣，然後幽幽地說：「我以為現在這樣就是我愛你的最好方式。」

「你為什麼對我不能像對那個女人一樣熱情？」她又問。

他又是一愣，之後冷靜地回答：「十年前，我期待我能愛妳、甚過於愛她，但是十年後，我只證明，妳沒辦法如她般愛我。」

她氣得甩了他一巴掌。那是在他們婚姻中，她最野蠻也最真實的一刻，好像都把這十年婚姻中的委屈給發洩出來。之後，我不曾再見過她。

或者，這一巴掌打出了彼此婚姻中真實的感情，他們日後的婚姻也許會開始吵吵鬧鬧，但不再如此寂寞。

正如同電影《飲食男女》中的那句話：「人生不能像做菜，把所有的料都準備好了才下鍋。」

同樣的，愛情也如此，有時我們還沒有準備好，就被拉下鍋去炒，炒出來的菜不夠好吃，便覺得十分失望而難以入口。然而，如果你不繼續炒下去，就沒東西可以吃了——那麼就不只是失望痛苦而已，還可能被你自己活活餓死。

承認菜不好吃，起碼你還能知道該添加什麼料，或者何時該換個鍋子。

同理可證，真誠面對你已存在的失望後，才能不再捲入痛苦的寂寞。

人一輩子，該有幾位情人？

如同太極「陰中有陽、陽中有陰」的概念，心理學家說，每個男人心裡都存在某些女性形象，每個女人心中也都存有某些男性形象；這些形象隱藏在我們的潛意識裡，具有多種不同的渴望與需求層次。

有時，這些渴望（特別是還未滿足的渴望）會被我們投影到一個真實的對象身上——瘋狂的迷戀就此產生了。於是，你可能以為自己會和眼前這個人終生相守，卻在不知名的瞬間，被其他對象給深深吸引……

是的，這可能是你內在的需求渴望，不斷隨著新的人生閱歷而湧現出來。你必須透過不斷地覺察、理解，才能明白你目前的情感裡頭少了些什麼？以及你正在走過什麼樣的心路歷程？

我們需要另一半，也需要一個精神伴侶

「內在異性特質」的理論起於心理學家榮格——在他的一生中，除了妻子以外，還有幾位影響他的重要女性。其中一位熟為人知的，是猶太富商的女兒薩賓娜（電影《危險療程》便是以榮格和薩賓娜的故事為藍本）。

薩賓娜的存在讓榮格感受到一股深入潛意識的激情，也讓榮格對「一夫多妻」的意象有了更深體悟。榮格發現，對一個男人來說，除了需要一位妻子來經營家庭、生養孩子，也需要一位精神伴侶來分享內心的幻想、提供靈感。

有趣的是，他的妻子愛瑪·榮格也同樣透過撰寫著作，來探討伴侶心靈深處的多重渴望。榮格的婚姻故事與後續研究，留下愛情中對多角關係的不同理解，也讓我們深刻體會：如果人的心理需求會隨著成熟不斷演進提升，那麼伴侶關係必然也是一個需要相互伴隨成長的歷程。

四種渴望的需求層次

那麼，在我們的潛意識裡頭，究竟存在著什麼樣的共同渴望呢？

在第一個層次中，我們的渴望都與「父母形象」相關。對於男性而言，渴慕具有母性哺育特質的女人，女性則崇拜具有健美運動員特質的男人。也就是說，比起內心，我們更有興趣追求接近肉體的渴望，如同孩童時期依戀在父母懷裡的最初感受。

在第二個層次中，我們的渴望開始轉向「浪漫情懷」。對於男性而言，開始喜於在美麗的女子身上追求純粹的愛戀，女性則嚮往詩人、小說家的才華與羅曼蒂克。這是不折不扣的少男、少女時代，在愛情的想像中，青春不因年歲而死，浪漫是靈魂的糧食。

在第三個層次中，我們開始崇尚「精神與知識」的引導。男性渴慕接近女神般的女子，以作為精神上的寄託，女性則更喜愛具有指導意味的男性形象。不同於肉體與浪漫的渴求，我們更渴望精神與心智層面能夠富裕飽足。

在第四個層面中，渴望落在源源不絕的「智慧與創造力」。

我們開始期待有個能激盪出我們內在潛力的對象，好像只要兩人在一起就會碰撞出源源不絕的靈感與創造力。最終，我們成為能一起攜手成長的伴侶——不是只有「情感」上的成長，「自我」也被淬鍊成一個更完整的人。

學習，讓愛的需求合而為一

我曾經在「愛情心理學」的課堂上問過學生：既然我們心裡的渴望有這麼多面向，你是否相信，你的人生會遇上一個能滿足所有需求的人呢？

大部份的同學不敢妄然舉手，但仍有兩、三位同學肯定地舉起手。

「你遇到他了嗎？」我問他們。這時，原本表示肯定的幾位同學突然緩緩搖搖頭。

「那就不要讓這個期待成為你愛情中不可更改的『必要條件』，因為你會成長，也要有雅量，容許你身邊那個人有成長的空間。」我說。

這是我在婚姻中吵吵鬧鬧十多年後的體悟，也是我從伴侶身上感受到他對我的包容。

我不知道我們的未來會如何？你們的未來又會如何？但起碼我現在知道：如果每個人的一生中，至少需要四位情人——這可以有兩種狀況：其一，你可以找好幾個不同的人；其二，你也可以在彼此的成長中，創造四合一的可能。

「有時我們還沒有準備好，就被拉下鍋去炒，炒出來的菜不夠好吃，便覺得十分失望。然而，如果你不繼續炒下去，就會把自己餓死。」

——回應電影《飲食男女》

同場加映——
電影介紹《飲食男女》

當愛出現瑕疵，你能否無畏走下去？

「希望就是，當全世界都要你放棄時，
在耳邊說要你再試一次的那個聲音。」

——《浩劫奇蹟》

有些時候，我們心頭會浮現一種若有所失的感覺：

可能是走在燈火通明的大樓之間，你突然覺得自己在世上顯得渺小而微不足道。

可能是在吵吵鬧鬧的人群當中，你突然覺得自己像個無法加入別人話題的傻瓜。

可能是才剛做了一件轟轟烈烈的大事，卻突然覺得不知未來漫漫長日該走向哪裡？

如果我們常常傾聽自己心裡的聲音，你也許會發現，原來人生有那麼多突然的時刻，我們對自己感到不滿意。

愛情的存在，某種程度是對這「不滿意感」的一種救贖。

所以很多人願意為了愛情停下汲汲營營的腳步，因為愛情將生命目標轉往不同的方向……但如果你已經轉移了目標，還是無法忽視愛情讓人失望的事實。該怎麼辦？

那些日夜糾纏心的「污漬」

醫生說，她有酗酒傾向，並且罹患了憂鬱症。

為了解開她心裡的苦，醫生特別將她先生找來，打算讓他們好好進行「婚姻諮商」。

「喝酒對妳身體不好，妳為什麼還要喝呢？」先生說。

「因為我沒辦法忘記你對我做過的事。」她說。

「妳可不可以答應我，以後不要再喝酒了呢？」先生又說。

「我沒辦法，因為我忘不了你曾經對不起我。」她又說。

醫生在旁邊聽到頭都痛了。一問之下，才知道先生在前些年曾經有過外遇，這件事情爆發後，她就染上酗酒的習慣，好像心裡有什麼天大的苦，非得跨進醉生夢死的世界，卻還脫離不了憂愁的糾纏。

幾個禮拜之後，她終於激動地對醫生說出自己憂愁背後的祕密——原來當年先生外遇後，她一個人去買醉，結果與當時陪伴她的友人發生一夜情。那天，她在友人的家裡醒來，任憑對方怎麼祈求原諒，她都覺得羞憤難耐，然而在百般糾纏下，她又無可自拔地投入友人安慰的懷抱。

每當她經過宛如被撕裂的激情後，回到家，便對引發這一切的外遇元兇感到深深憤怒。她原本期待一份無瑕的愛情，但這份瑕疵的愛卻彷若她婚姻中洗不去的污漬，逐漸擴大到她無力挽救的田地。

「最糟的是，明明我們的愛裡有這麼多痛苦的瑕疵，我卻還捨不下。」她說。

為愛去蕪存菁，看見希望的鑽石

後來呢？他們的婚姻還有救嗎？聽了她的故事，也許你會感到好奇。或者，你會搖搖頭：心想，這樣互相傷害的伴侶還不如早點分離比較痛快。事實上，這樣的故事可能藏在我們身旁許多祕密的角落，只是每個故事的結局卻不一定相同。

為什麼會這樣呢？

這和心理學裡頭所提到的「米開朗基羅現象」道理相仿。

曾經，米開朗基羅被問道：「為何你雕出來的作品總是那麼美呢？」

他回應道：「我沒有雕刻它，我只是把外圍的雜質去掉而已。」

同樣的，心理探索的工作也是如此：不管發生什麼樣的人生經歷，你的心裡其實都有一個「怎麼做對你比較好」的答案，只是有時外頭蒙上了太多情緒的雜質，導致你看不見自己的心之所嚮而已。

而心理諮商的目標，就是幫你去掉那些情緒的雜質，激發你朝真心想去的方向前進的勇氣。

是的，你早就知道「該怎麼辦」的答案，只是缺乏做決定的勇氣。

我很喜歡電影《浩劫奇蹟》裡頭的那句話：「希望就是，當全世界都要你放棄時，在耳邊說要你再試一次的那個聲音。」

希望的聲音從來都在你心底，只是有時會藉由別人的口，說給你聽。

其實這份聲音是不論我們跌倒多少次、都沒人能真正將它根除的珍貴資產，是我們誕生於世時就被賦予的禮物——信心。

失·愛·診·療·室

掌握人生中關鍵的那一秒

也許你已經開始體會：「光明與黑暗同時在我們心中並存」的道理。就如同白天與黑夜的差別，只在於地球轉向「面對太陽」的那一面、或者「背對太陽」的另一面。

但即使是這樣規律運作的星球，都會發生「永晝」或「永夜」的奇異時刻——當你陷入歡樂或低潮時，也總有那麼關鍵的一秒，讓你在歡樂中感到低落、在低潮中突現希望。

就像某天早晨你醒來，看到窗外陽光明媚，一時間心情大好，突然想要請假到郊外踏青。但這麼一瞬的想法，倘若你沒有立馬撥打電話去請假，可能就在你刷牙的時候，腦袋便開始想起一堆累積如山的公務……原本的好心情頓時蒙上烏雲，對窗外的好天氣也彷彿視而不見了。

心理學家說，這是一種「情緒慣性」——當我們習慣有所節制的生活，你就可能在自己真實需要的時候，忽略了這「關鍵的一秒」。

這就是為什麼，失愛後，不要太勉強自己要馬上回復「正常生活」。

因為你對自己的每一分勉強，都可能在挫折時成為一種僵化的節制。那麼，也許你就因此失去了，讓「關鍵一秒」突現的希望感，啟發你走向嶄新人生的機會。

「希望的聲音從來都在你的心底，只是有時會藉由別人的口，來說給你聽。」

——回應電影《浩劫奇蹟》

同場加映——

電影介紹《浩劫奇蹟》

你是愛我，還是同情我？

「離開我就別安慰我，
要知道每一次縫補也會遭遇穿刺的痛。」

——《最後一封情書》

很多時候，「分手」並非兩造雙方皆能認同的結果。於是離開動機較強的人，就像取得站上山巔的領先位置，另一方只能仰望他離去的背影。

那是一種多麼令人感到不舒服的局面呀！如果這時，屈於弱勢者跌了一跤，走在前方的人，該停下來扶他一把嗎？

當愛逝去，關係只是徒留形式

他和她提出分手那天，她對他坦露了一個祕密。

她說，就在不久前，她懷了他的孩子，但她明白他不會想要，所以在沒有告知他的狀況下，她把孩子拿掉了。

說完這個祕密，她哭得好傷心。他則是聽得心都碎了。

看著她心如槁木的空洞眼神，他決心要陪伴她走過這段傷痛的心理歷程。

所以，他把分手的話吞了回去，將她緊緊抱在懷裡。他心想：就算他們最後不能修成正果，他也要盡力彌補她所做的一切。

之後，她情緒變得相當不穩定，好像一個缺乏安全感的嬰兒，做夢的時候都會大哭驚醒。他將她抱在懷裡，心情非常內疚，後悔自己的不小心，居然把一個女人的人生害成這副模樣。

於是他百般容忍，她卻變得更加無理。幾次她幾乎拿出刀子要割傷自己，是他用自己的手掌去擋了下來；當她看著他滴落鮮血的手更加崩潰，他只能無奈嘲笑自己：「誰叫我之前要如此做孽。」

「放手吧！不要互相折磨了。」朋友對他說。

「我有什麼資格離開她呢？就算當不了情人，我仍然是她的朋友，我會陪她走到她不再需要我的那一天。」他說。

之後，她的「武器」從「美工刀」進展到「菜刀」，一次次情緒越演越烈。

他則是對此感到灰心，對她更加忍耐……

你覺得，他和她現在到底算是情人，還是朋友呢？

讓我們來聊聊一個有趣的話題：分手後，還該不該當朋友？

以下是一份不負責的簡單社會觀察報導：

二十歲的女孩失愛後，心情低落了好一陣子，然後她說：「我好想再和他回復以前的模樣，就算是當朋友也沒關係。」原來雙十年華裡，即使愛情的燈火快滅了，我們都要在旁邊燒柴添火，盼望那愛情的光芒能永遠不熄，朋友之名只是一種另類的延續。

三十歲的女孩失愛後，她說：「我這一輩子再也不想見到他了。」原來三十年華時，我們變得更有「骨氣」（還是「賭氣」？），但愛情的燈火滅了之後，寧願把所有傷心留給獨自一人的黑暗裡。

四十歲的女人失愛後，把自己的東西從他房間搬到隔壁，然後叮嚀他：「你還要付我一半的房租千萬別忘記。」原來四十年華後，我們變得「實際」，除了少掉睡在一起的那道程序，其他的最好都還是留在原地。當朋友?行!但權利義務要能計算得清。

五十歲的女人失愛後，留下了一張紙條，然後提醒他：「你的內褲是放在第二格抽屜。」原來五十年華的失愛其實也不用太傷心，因為對方少了你，日子也不見得會好過到哪裡去。當不成朋友？損失的是他自己。

六十歲的女人失愛後，拎起早就整理好的行李，跑去做了好多以前戀愛時沒辦法做的事情。原來對於六十年華後的失愛，我們心裡可能早就有所感應，等到愛情的燈滅了，你才發現，原來照亮這段感情的是你自己。還是不是朋友？又哪會在意。

也許你會問：那男人呢？

請容我再說一份更不負責的社會觀察現象：

男人分手後還會不會與舊情人當朋友？除了個人心意之外，通常還要看他們新伴侶的態度才能決定。

兩相對照後你會發現：當愛情的燈火滅了之後，兩人心意發生不一致的比例實在太高了。倘若我們沿用從前的相處模式，來表達不同於以往的真實心意，恐怕會在彼此之間留下更多難解的折磨。

就像電影《最後一封情書》裡頭有一句話說：「離開我就別安慰我，要知道每一次縫補也會遭遇穿刺的痛。」

我想這句話的意思是：如果你給不起我要的愛，你還不如廢話少說、直接頭也不回地走吧！

面對失愛後的相處，你所要明白的是，自己心底的情意究竟是哪一種層級？

每個人都有責任釐清自己的真心，以免讓「起起伏伏的情意」，成了曾經最愛的人心中的恐懼。

同情和愛情的區別

先前我們提過許多心理學觀點，都說明「愛情」與「傾慕」、「渴望」有關。

光看這樣的形容，你就可以想像，當我們愛上一個人的時候，是一種抬起頭在「仰望」這個人的感覺。你想要往前奔跑，拉近你和他之間的距離；或者你會產生一種「愛的同理」，光是在旁邊看著他，都彷彿可以體會到他此刻的感受、感受到他心意所在，然後同他所喜、同他所痛。

「同情」的心理位置則相反，好像你站在一個更有利、更有籌碼的地位置上俯視他，你可能會因為他的難過而難過，但也只是一種願意「陪伴」他走過難過的感覺，而不是發自內心對他的難過「感同身受」。

這兩種感受的位置，有時在我們心裡會產生混淆。因為同樣都是「有所感」，只是感受的「層次位置」不同，所以當你無法釐清這一切，就沒辦法辨別，你對眼前這個人究竟是「愛」，還是「友愛」？

這種混淆時常發生在情人面臨分手的那段歷程。有時我們原已打定主意要分手，卻因為看到對方的難過而放不了手，分手的歷程只好苦苦拖延，最後「被同情」的人幡然醒悟，留下更多不堪的回憶。

你可能會抗議：不會啊！有些人寧可巴著一份「同情」，也不願讓身旁這個人離去，連續劇不都這樣演嗎？

如果你仔細把連續劇看下去，就會發現那些巴著「同情」不放的人，都抱著這份「同情」會轉為「愛情」的期待。想想，如果我們要的是「愛情」，誰會想要一份「同情」？

那些願意接受你「同情」的人，在等待的是：某天，這份「同情」能再轉為「愛情」。

「如果你給不起我要的愛，你還不如廢話少說、頭也不回地走吧！」

——回應電影《最後一封情書》

同場加映——

電影介紹《最後一封情書》

you

lost

Chapter III

不甘心
の
殘念。

分手，放不了手。

love

一個轉身訣別，
比冷漠愛著卻將就，還溫暖得多。
其實你明白的，分手不是誰的錯，
成為他最深的留戀，念掛一生，
是放不下的自尊，最好的出口。

lonely

myself

「我累了」，只是想分手的理由

「當你年輕時，
以為什麼都有答案……」

——《墮落天使》

用心理學所詮釋的愛情是這樣的：

在原始尋愛的狀態中，每個人心裡都有一個理想情人的想像。之後，兩個人相遇了，開始和彼此心中的想像搏鬥。接著，關於理想情人的想像，逐漸被情人真實的模樣給取代或重新塑造後，想像與真實於是逐漸貼合，形成存在你身邊（心裡）令人感到踏實的伴侶，關係穩定而綿長。

然而，在更多時候，想像與真實的影像無法貼合，反而進到情愛關係後，這兩個影像開始劇烈地脫軌、分離……你以為他變了，但其實你只是認識了真實的他。

你們沒辦法接受自己「錯認」了彼此，於是更緊抓對方的手，或就此鬆開了手……最後分離時可能只剩下這麼一句話：「我累了。」或是更多沒有理由的空白。

所以下列景況就發生了：

情人離開之後，你開始尋找答案。不管是誰，就算只是一句話、一段文字都好，你只想理解：為何愛到了盡頭卻是這樣？

你開始覺得沒辦法接受現實，腦袋裡翻閱過一個個自問自答……讓你更難想清楚。前一刻覺得曾經存在的真實，下一刻又被自己給推翻。

「我沒辦法接受這種理由。」來找我時，她剛辦完離婚手續。

先生提出的理由就是這句話：「我累了。」然後草草結束短命的周年婚姻。

她是個有想法、經濟獨立的女人，面對男人這樣的說辭，她縱然難以接受，卻因為一身傲骨，毫不猶豫就簽下了那份判定婚姻死刑的文件。

「說不難過是騙人的。但我腦中更多的是疑問，如果有小三你就承認，『我累了』是什麼爛答案？我工作不累嗎？我和你在一起就過得很爽嗎？我都沒喊累你喊什麼？」她不滿地說。

其實不光是失婚的她，還有許多失戀的人，都曾被各種令人無法接受的理由被強迫分手。

我發現其中最有趣的是，比起這種令人摸不著頭緒的理由，大家還寧願希望分手的真相，也許是因為第三者的介入。

理由很簡單：倘若分離是因為「你有了第三者」，那是你的錯、你的問題，或是他

（第三者）的錯、他（狐狸精）的問題；但倘若對方說出「我累了」，那顯然是指控問題出在我身上。更悲慘的是，很多時候你那句「我累了」，說中的是長久以來我內心深處的聲音，我果然是一個相處時會讓人感到疲累的人。

如果這樣的話，那你就是在拐著彎對我說「你不好」了。

也許我可以承受與你分離的痛苦，但請你讓我知道，我到底是哪裡不好？

算了，那些沒說出口的話可能太殘酷

那些「好」與「不好」的感受，一直是長久存在於許多人身上的問題，也是存在我自己身上許久的議題。

一個明確知道自己哪裡好、哪裡需要改進的人，不會因別人的說辭而隨意更動自己的想法。這樣的人即便是面臨分手，也往往分得心安理得，知道這是兩人彼此心中「對情人的想像」無法磨合，不見得是誰的問題。

他們可能對分離一樣不甘心、一樣傷痛，一樣要行走一段低潮險惡的路，卻不容易陷入執著，陷入不明不白的遺憾中。

但如果你和我一樣，我們都曾經走過一段苦苦摸索自己的道路，真實的內心是脆弱的、許多心結是未解的，那麼曾經愛過我們的人，他一定體會甚深、比誰都明白。

所以當他說出「我累了」這句話，也許令人難以接受，卻可能是因為他看見了真實的你，不願說出更殘酷的話來傷害你。他其實懂得你內裡的脆弱，「我累了」之外的未盡之言，只為留給你一片自我療癒的空間。

是的，懂得你的人，並不一定就要接受你的全部——也許這才是分手後，不用如此坦白的真相。就像我們也曾經在認識到一個人的真實面貌後，才常常覺得不如想像。

電影《墮落天使》裡頭有一句話說：「當你年輕時，以為什麼都有答案。」

但隨著我們漸漸不再那麼年輕了，也慢慢不這麼認為了。

歲月帶給我們最大的改變，也許正是發現：「沒有答案」——有時就是相愛到盡頭，一種相互體諒的最好答案。

打破心理「全好全壞」的極端連結

心理學家在描述嬰兒的心態時，曾經提過一個「全好或全壞」的心理狀態。

這是一種我們看待事物的角度：當我們心裡的情感是「好」的時候，就會連結到一個「好的自體或他體」。於是，好的你、好的我、好的情感，就銜接成一個「全好的心理狀態」——當我們處於熱戀之中，就常懷著這種「人生處處是希望」的「全好心情」。

反之呢？當我們心裡存在著「壞情感」，便會連結到「壞的我」或者「壞的你」，銜接成一個「全壞的心理狀態」——當我們處於失愛狀態中，便相當容易陷入這種「末日來臨」的「全壞心情」。

用這個角度來看，你或許就能理解，為何許

多人在分手後寧可單身，也不願再踏入愛戀？或許正是因為他們還是以這種「全壞心情」來看待愛情，便預期了可能的失敗，害怕重新開始這種「走向毀壞」的循環。

然而，當我看到心理學家用如此清楚的歷程來描述這種心境背後的脈絡時，我突然發現，也許打破這種「全好全壞」的心理連結並不難。

因為這種極端的心理狀態是由三個元素所組成的——「我、你、情感」。意思是，只要從其中一個元素找出反證，「全好全壞」的心態不就被打破了嗎？

當你處於失愛的「全壞狀態」中，只要能回顧一點對方的好（你）、看到自己的某一點美麗（我），或者做一點小事讓自己開心（情感）……都能幫你走出這種極端心理。

「有時「沒有答案」——
便是相愛到盡頭，一種相互體諒的最好的答案。」

——回應電影《墮落天使》

同場加映——
電影介紹《墮落天使》

恨與報復，讓心負重累累

「受過傷的人最危險，
他們知道自己能夠存活下來。」

——《烈火情人》

當我們恨一個人的時候，卻發現自己越容易想起他。

或者該說，當你發現自己想起他時有種感覺特別強烈，卻不願定義成「愛」的時候，那麼，就只好當成是「恨」了。

恨一個人的時候，他像一個藏在黑暗中的影子。平常你不願提起他，因為你知道沒必要再讓這些過往影響現在的生活。但當有些事觸發你提起他，才會發現，原來你還可以那麼清晰地數出他哪邊對不起你、他哪裡多麼可惡。於是你想忘記他，告訴自己要忘記他，夢裡都提醒著自己要忘記他。

卻知道，自己一直都沒忘記他。

我們都在攀爬名為愛情的高山

我想，愛情的歷程如同爬山。

之所以比喻成爬山，是因為山裡高低綿延，爬山也常常會勾出人的挑戰欲。有人征服完一座山之後，會往更高的另一座山前進，有人爬完一座山，就得靜下來休養生息。

在愛情的上山歷程，處處充滿未知的驚喜（或驚險？）。當你站上頂峰的那一刻，真希望一切就這樣靜止了，所有辛苦都化為激動的眼淚，視野之下、無處不美；但因為下山才更接近愛情的終程，所以下山途中的經歷，就決定了你對這段感情的感受。

最怕就是在愛情的頂端享盡美感後，在下山的路上遇到一塊害你跌斷手腳的巨石；好不容易躲過粉身碎骨的命運，最後卻對這段旅程心裡受創甚深，久久不敢再踏上挑戰之路。所以你對愛的信念就這麼衰敗了，把心埋入受創的失望裡，怨恨那塊讓你跌倒的石頭。

心理學家認為：面臨衰敗中的愛情，比較接近恨意，而非冷漠。恨，是另一種相對於愛的「影響力」。

恨意還在，傷害就無法退散

在諮商領域裡，我接觸過許多懷有恨意的失愛當事人，看著他們不惜耗上大把時間，去恨一個自己深深愛過的人。

在恨意中，他們深深惦記著對方做過的往事，怨恨對方剝奪他們曾經擁有的美好；反覆評議著對方的言行，讓自己的人生和尊嚴受到極大威脅。有時，他們會被噩夢糾纏，出現許多報復的幻想，或者想要當面嘲諷對方、或者想要報復，讓他也失去一切。

我還記得，某年上映李心潔主演的電影《見鬼》裡頭有一幕，是女主角拿著一根冰鑿想扎進瞳孔裡。那陣子有些失愛的當事人提到這一幕，描述自己也多麼想拿冰鑿扎進那個拋棄他的人、或搶走他情人的人的雙眼。

愛到如此，我們之間曾經有過多少相遇、相知、相守的美好，現在就成了多強烈的創傷。然而，這種強烈的恨意，其實是我們用另一種方式，將過往情人對我們的「影響力」勒在自己身上，讓自己活得喘不過氣。

那些對別人的恨，都是對自己的怨

讓我印象最深的恨意，是一位七十多歲的老媽媽。

她說自己嫁了一個相當「敗類」的老公，兩人打鬧多年後離了婚，然後她獨自撫養兩個小孩長大。

離婚後，她養成酗酒的習慣，每每喝了酒，就要打小孩出氣。她的兒子成年後得了重度憂鬱症，連她養的幾隻小狗也得了憂鬱症，於是她不得不去面對，自己恨了前夫三十多年的現實……

老媽媽養育了一兒一女。對著兒子，她時常在酒後辱罵他：「你怎麼跟你爸一樣那副死樣子。」對著女兒，她管教甚嚴：「以後不要遇到像你爸那樣的男人。」

說來說去，幾十年的心結裡全是那個早不知道「死到哪裡去」的前夫……即便她再三和我強調，那早就已經過去了。

「是是是，那當然早就過去了。」我回應她，「但事情過去了，影響力卻還活在你們的家庭裡。」

聽到這句話，老媽媽終於停止她的無盡碎念。為什麼呢？她告訴我，聽到我用「影響力」來形容這件事，她感覺好多了，「很多人都誤會我這麼激動是因為還『愛著』那個敗類的男人，但我只是生氣自己擺脫不了他帶給我的『負面影響』！」

聽到她的話，我不禁恍然大悟，「原來妳這麼介意自己曾經愛上一個敗類呀！也許這種『擺脫不掉的生氣感覺』，才是他對你最大的『負面影響』吧！」

就像走下坡時踢到一塊大石頭，其實我們真正氣的不是那塊石頭，而是被石頭絆倒的自己——這種對自己的生氣，或許才是恨意（負面影響力）如影隨形的根源。

所以，如果你對誰有恨、有怨，就允許自己好好恨個夠吧！也許只有在把恨說盡了、在「想像中」充分滿足對他的報復之後（若在「實際生活中」採取報復，他就繼續握有對你的「負面影響力」），我們才懂得把對自己的生氣說出來，然後漸漸學會不再用對別人的恨，來傷害被他這樣絆倒的自己。

「受過傷的人最危險，他們知道自己能夠存活下來。」這是電影《烈火情人》裡的一句話。是的，但受過傷的人也最有韌性。

差別只在於，你能不能看見，當生命中發生了一件壞事，你其實有阻止的能力，別讓這壞事困住自己，滾出更多憾事。

一生無法迴避的，愛與恨，明與暗，生與死

關於「死亡」，大部分的人都不希望那天太早來臨，所以奮力求生。

關於「黑暗」，大部分的人都因為它的存在而害怕，所以總向著陽光奔跑。

關於「恨」，大部分的人都希望自己別對某人出現這種感受，卻無法控制自我。

然而，心理學家卻說：死亡、黑暗、恨，三者總是在我們還未覺察時就默默潛伏在生命中，讓我們不能去忽略它，如果你硬要迴避或閃躲，那只是浪費時間而已。其實你不必恐懼，這些神祕不可知的力量，是讓我們生命更完整、更有韌性的指標。

內心的損傷，透過身體的自殘釋放

如果你覺得這些心理課題之於人生的影響太抽象了，以下的例子或許會有助你理解：從心理學的角度來看，我們「在身上打洞」的行為，都可視為一種廣義的「自殘」。曾經有一次，我在臺北捷運上遇到一個打扮十分入時的女孩，但她的耳垂上居然有一個如「波霸奶茶吸管孔」般大的耳洞，我站在她面前，幾乎可以透過耳洞看到她身後的場景……是的，那是我見過最驚人的一次「耳洞奇觀」了。但我也猜想，或許她心裡存在著某種要破壞自己身體的衝動。

請別誤會，我沒有詆毀、或認為這樣做不好的意思。事實上，心理學家認為，這種「自殘」的衝動，是為了讓自己「活下來」的方式——他們用一句相當有意思的話來形容：「自殘是為了不要『全死』所產生的補償作用。」

既然我們內在不可避免有某些死亡、怨恨、黑暗的衝動，就只能一點一滴讓它散發出來（最好一日一滴，有益身心健康），以免積累的衝動擴張到一瞬間撲噬了自己。

如果你遇到有人這麼做，你該為他感到慶幸的——因為他們很努力的，要讓自己好好活下來。

但我必須說，這種仰賴「自殘」的生存方式並不是最好的方法。在我的經驗裡，這種「行為上」的做法只是一種「暫時的補償」。事實上，一個人會產生許多毀壞自己的行為，往往是因為太多無法「說或表達」出來的怨念。

這是一種相當矛盾的感受——有時候你非常想表達，卻常常說不出心裡最真、最深的感受，或擔心如實表達後，會對自己的生活帶來未知的影響，所以只好選擇壓抑。

面對這種求生不能的糾結，其實你應該聽聽心理學家對此心境的看法：

人能包容與同化內在所潛伏的各種「斷裂」（簡單來說，就是創傷），當它浮現出來被意識所知，它就不具有破壞性，而是一種「建設性」。

失愛是一種創傷，它常常被我們藏在黑暗中，便滋生了恨。直到我們明白：將黑暗中的創傷表達出來，不是為了再次痛苦，而是為了將它放在陽光下，被溫柔地包紮。

「受過傷的人最有韌性，因為他們懂得如何存活下來。」

——回應電影《烈火情人》

同場加映——

電影介紹《烈火情人》

還愛著，卻假裝冷漠

「如果你不想被拒絕，
最好的方法是先拒絕別人。」

——《東邪西毒》

不同年齡的我們，面對失愛的態度往往不同。

心理學家芮克（Reik）曾經這麼描述不同年歲的愛情，他認為：

不同年紀的人感受到的愛情本質並無不同，但底層的情感卻比例各異。年輕人能深深感受情愛的深刻，年長者則難以再經驗奮不顧身的快樂。

但每個人對愛的渴望，皆然。

如果渴望皆然，那麼，倘若有天你對愛的人展現冷漠，或原本愛著你的人對你冷漠，這又是基於什麼樣的心理呢？

在我的觀察中，關係中的冷漠，常常是衝突（無論是外顯的、或隱藏的）許久後，雙方無法承受的結果。

冷漠代表著：我們都受傷了，我們需要休息了。

我不是「沒感覺」，只是需要休息一下

最近這些時日，我遇到許多因「沒感覺了」而分手的當事人。

有些人是被對方告知：「我對你沒感覺了。」

有些人是困惑於「我怎麼對他沒感覺了」，還有些人則是「不確定自己到底是不是對他沒感覺了」。

「我看著她，某些以前看起來好可愛的舉動，現在怎麼不會心動了。」一位剛分手的年輕人這麼說。

「她每天回家都問我，今天好嗎？以前聽起來好窩心，好多話可以聊，現在都不知道要回她什麼了。」剛辦完離婚手續的單身漢這麼說。

「我和他之間，現在只剩下『嗯』、『是』、『欸』……這幾種回應了。」考慮是否該離婚的年輕太太這麼說。

「我現在對很多事情都沒什麼感覺了。」一位已經分手好幾年的妙齡女郎這麼說。

於是他們這麼想：

就是不愛了吧！就是不能再愛了吧！

然而，我是這麼看待這種心情的：也許不是真的沒感覺，是因為你現在需要休息，所以先把心關起來了。

有一段日子，我也把心關起來了。

那是一次失戀之後，我心裡又痛、又氣、又太不甘心了，許多感受糾結在一起，化成心頭上揮之不去的煩悶。

所以，我鑽進自己的世界裡，與世隔絕好長一段時間。當時，我把許多心頭疑問和負面感受轉化為考研究所的動力（你會發現，找事情來「轉移」某部分注意力，真的是傷痛初期相當好用的做法）。那陣子我對考研究所以外的事物都沒什麼感覺。原本我喜愛聽音樂，那陣子卻一概不聽了；原本我天天要找朋友出外鬼混，那陣子對他們的邀約卻變得一點興趣也沒有。

雖然，失去對人的興趣，我卻迷上卡通《灌籃高手》。那是一部我中學時期就看過的卡通。某天，我恰好看到它的重播，於是我開始每天收看重播三次的同樣內容，長達一年的時間。

你說，每天看三次一樣的卡通是什麼感覺？

說真的，看久你就「開悟」了。你會去體會那裡頭每字每句台詞的真義，你會找尋那些語句和生命經驗之間的連結關係（是的，當時我是個還沒走進諮商領域的門外漢呢！看來，人人都自有探索內心世界的本能……）

比方說，從《灌籃高手》的台詞中，我得到了以下的領悟：

「如果你放棄的話，比賽就到此結束……」

（如果我現在就放棄了愛，我生命中的愛也就到此結束了……）

「嗯！相當新穎的戰術……」

（我還有什麼戰術可以讓自己度過這個難關呢？）

「現在的他就像嬰兒般完全信任自己的隊友……」

（以前在愛裡的我，曾經給過他這樣的信任嗎？）

「內心那份強烈的懊悔，使他傾向於美化過去和責怪現在的自己……」

（其實我自己明白，「分手」我也有錯……）

沒想到，如此無厘頭的興趣，居然就成為我和自己內在對話的來源了。後來，「灌籃高手」的力量伴我度過了失愛的痛苦與懊悔，並將挫折化為考上研究所的動力（當年的我，心裡越難受，書就念得越多）。出關之後，我給自己的第一份禮物，就是和朋友相約到籃球場看球賽。

也許我在失愛的當時當刻關起了心、對人冷漠，但我十分慶幸，那時那刻的我，沒有選擇也對自己冷漠。

在愛情結束之際，我關上了心門；但我明白，這是為了讓心修養生息——我允許自己如此，也會提醒自己記得重新開門。

於是在愛的哀悼期結束之後，我又重啟了心門。

電影《東邪西毒》中有一段話：「如果你不想被拒絕，最好的方法是先拒絕別人。」這句話意謂著，正是不管拒絕或被拒絕，都非我們真心所盼望。

因為對愛的渴望皆然，我們明白，對人冷漠只是不想被看穿渴望的一種偽裝。

那麼，如果有天你真心需要用「冷漠」來休養生息，你願意給自己一段時間嗎？

為什麼「情感交流」對伴侶如此重要？

我很喜歡心理學家溫尼考特的一句名言：「媽媽的臉是鏡子的前身。」

當我們還是嬰兒的時候，如果看見媽媽的臉上沒有反應，便不知道該如何表現自己。若將同樣的道理拿來形容愛情，「情人的臉」便成了我們成年後的鏡子；透過情人的回應，我們認識並體認了自己的存在。

從戀人的表情，看到自己的價值

什麼樣的回應能讓我們體驗到自己的存在？溫尼考特如此回答：「當對方面部表情、聲音與我們同步展現的時候。」

比方說：一個丈夫回家後，沮喪地對妻子

說：「今年業績不好！」

他的妻子感受到了丈夫心裡的低氣壓，便用一種低頻的音調問道：「你還好嗎？」於是丈夫和妻子間產生了一種情感的共鳴，並且形成一種能夠互相分享的基礎。（想想，如果妻子用亢奮的語調問：「那你還好嗎！」這個丈夫能感覺到自己被太太所理解嗎？）

所以比起信念和想法的交流，「情感交流」似乎對伴侶之間的親密關係更形重要，這就是為什麼大多數的伴侶都難以忍受另外一半表現冷漠的原因——**因為面對一張沒有回應的臉孔，我們會感到迷失自己、體會不到自己的存在**。

除了「冷漠」以外，還有另一種破壞親密關係的反應，就是缺乏邏輯的情緒回應。比方說，當看到丈夫心情沮喪的時候，倘若太太心情穩定，她會低聲詢問：「你今天還好嗎？」若太太此時心浮氣躁，她缺乏情感同理心就罷了，還可能出言責怪丈夫：「你今天幹嘛板著一張臉？」（是的，比起丈夫這種預期會被關心的心理，太太還不如天天說話都機車一點，丈夫反而有心理準備。）

妻子若展現出缺乏邏輯的反應，會令人感到無所適從，因為丈夫在其中體驗到的並不是真實的自我情感，而是對方所投射出來的情感。

是的，所以親密愛人間共享的情感反應是沒辦法偽裝的。伴侶間的情感交流，是建立在此基礎上：「我在你需要的時候，成為你的需要，但我仍舊明白自己的需要」。

很難嗎？並沒有。當你「同時」把自己和對方都看作是舞台上的主角，你們之間，便逐漸成為如此這般的關係——那是不用偽裝的，容許彼此真實存在的緊密相連。

「不管拒絕或被拒絕，都非我們真心所盼望。」

——回應電影《東邪西毒》

同場加映——
電影介紹《東邪西毒》

不允許被取代，就能封存愛？

“

「我這輩子什麼都沒有，
最起碼還有點自尊。」

——《秋天的童話》”

失愛之後，繞在舊情人身邊的新人，對自己而言都顯得相當刺眼。

擔心有了新人，他是否就忘了舊人……

那麼，曾經存在於兩人之間的海誓山盟、真摯約定（像什麼「永遠愛你」、「四十歲如果還沒另一半，我們就在一起」等諾言），到頭來不就只剩個「屁」？倘若兩人之間還一同走過什麼風風雨雨，那曾經的攜手，現在看來好像也只是徒增「諷刺」而已。

如果「愛」最終都能被取代，誰還會想要珍惜現在？

原來捨不得放手，是不願被取代

他曾經陪她走過人生中最低潮的時刻。

他們倆曾經同是某宗教的虔誠信徒，直到有天，她告訴他，宗教領導人曾經與她發生關係。她不願意告訴他太多細節，只說，最近也有如此遭遇的女孩說要告發領導人，所以整件事可能會爆發出來。她是讓他先有心理準備。知悉後，他心裡充滿憤怒，對那個他一直信任著的領導者；但他更氣她輕描淡寫的態度，以及她那副「一切都是自願」的說法。

他如果多問幾句，她只會用哭來回應，哭到他心都碎了，他還是要不到答案。於是，某天事情就這樣被攤到陽光下了。一時之間，原本寧靜莊嚴的佛堂，湧進了大批的信眾、記者、警察……他忘不了領導人那天被帶走前的模樣，還有她眼裡明顯的擔心。她的父母知道後，狠狠地斥責了她，當她父親一巴掌就要朝她揮去，是他擋在她面前，緊緊護著她。

「讓開！我把她打醒。」她父親說。

「伯父，她一定是被逼的。」他說。

「我不是被逼的。」她冷冷地回，也不管他心裡有多絕望。

不管他付出了多少深情，領導人入監服刑後，她終於還是離開了他。

分手之後，他常常默默跟在她身後。他以為她會去找領導人，但是她沒有，她只是交了一位新男友。在他眼裡，那新男友似乎和領導人很像……又似乎，和他自己也挺相像。

於是他開始產生困惑，她是先愛上領導人，才找上他當替代品？還是她愛的是他，領導人只是替代品？還是這個新男友是他和領導人的替代品？或者，他們三人其實都是替代品？他越想越憤怒，某次壓抑不住情緒，他衝到她和新男友面前，想要給那男人一拳……

「別……」她拉住了他的手。「我已經變成這樣了，最後，就讓我記得你的好，也讓你記得我的好。」她說，眼裡有懇求的溫柔。

漸漸地，他鬆開了手，雙眼一閉。的確，他也好想留下她這種溫柔的模樣。

「謝謝你。」最後她說：「所有、所有的一切。」

失去後的唯一自尊，是成為他最深的留戀

在失愛之後，也許我們心底最大的不甘，就是害怕曾經屬於自己的位置，某天會被不知名的他人給取代。然而，「取代」哪有那麼容易呢？就像你曾經愛過的他和她，不也總在莫名之時，又悄悄浮現你腦海嗎？那些愛過的記憶，不只代表那個人而已，也意味著我們過去的青春記憶！不論結果是分是合，都是生命中一段獨特而珍貴的時光。

電影《秋天的童話》裡頭有句話說：「我這輩子什麼都沒有，最起碼還有點自尊。」

也許對我們而言，失愛後最重要的自尊，就是成為他心頭上那份最美好的記憶——這是任誰也無法取代的回憶。

從「融合」到「分化」的心理界限

從心理學的角度來看，我認為生命中的「分手經驗」實在對人有所助益。

理由非常簡單——因為我們每個人的心中都該有「心理界線」的存在，而「分手」則是一個學習「心理界線」的好機會。

太近的愛，未必親密；
太遠的愛，更值得念掛

心理學中關於「界線」的論述非常多。簡單來說，它是一種潛藏在我們心裡，用來區別自己與他人分野的狀態，「界線」的存在能幫我們樹立人我關係中的潛在規則。

理論上來說，「界線」在我們誕生那刻便逐

漸形成……「皮膚」就是我們最早與外界接觸的「界線膜」，膜外的環境刺激著我們對世界的感知，形成一份對外在人事物的理解，並且從中發展出「自我感」。

然而，許多時候，原生家庭並沒有提供我們發展出「心理界線」的良好支持。

比方說，媽媽緊牽著孩子警告他：「不可以離開媽媽身邊。」以危險為由，抹除孩子探索世界的欲望。

又比如一個在婚姻中不愉快的妻子，老對著年幼的孩子哭訴婚姻的不幸，孩子便逐漸衍生出要負責安慰媽媽的「責任感」……

這些成長經驗都讓我們偏向「與人融合」，而不是設立出「適當的距離」。

當我們缺乏「心理界線」的狀態，會讓分手成了一種無法割捨的痛苦。因為當「心理界線」未良好發展前，我們可能以為自己心情糟的時候，所愛的人心情也會如此糟糕；自己無法離開對方的時候，對方也應該如我一般難以分離。

於是我們逐漸分不清楚：「分離與否」和「曾經愛不愛彼此」，其實是兩回事。

分手了，不見得代表不愛了；相愛，卻不必然適合在一起……這裡頭的道理並非一朝一夕可以想得清，每個人都有他選擇的哀悼方式與決定。

當你學會尊重這一切，就是「畫下心理界線」的開始。

當「心理界線」出現了，美好的過去才能永遠珍藏於回憶中，不會被輕易忘記。

「失愛後最重要的自尊，就是成為他心中最美好的記憶。」

——回應電影《秋天的童話》

同場加映——
電影介紹《秋天的童話》

失去的痛，用宣洩儀式淘盡

「我們曾經以為愛得很深、很深。
歲月卻讓你知道，它不過很淺、很淺。
最深和最重的愛，必須和時日一起成長。」

——《艾蜜莉的異想世界》

給親愛的你：

那是還沒高鐵的年代。你坐上緩慢的復興號列車，從台南火車站一路向北前行。你將手倚靠在冰涼的鐵製邊框上，看著窗外的畫面規律地運行變換，玻璃的阻隔讓人聽不見田野的聲音，腦袋裡只有一陣轟隆隆的震動節奏。車廂裡的燈光昏黃，恰好讓周圍酣睡的旅客形成時間靜止的背景。

於是你終於可以放心流淚。

成滴的水珠從盈滿熱氣的眼眶滑落，順著手指、手臂，坍落在窗邊的鐵框上。

悉悉簌簌，悉悉簌簌，悉悉簌簌……

直到那些水滴化為因心緒牽動哀慟的急流，靜靜地流洩到衣角、大腿，以及臨時起意整理的背包上。

你才感受到自己的悲傷如此之深——

胸口一股鬱悶的陰影，緊掐著你的心不肯放手。你幾乎以為自己沒辦法呼吸了，卻能感受到一陣又一陣的心跳聲。

然後痛苦突然再度襲來，你恍然不知道自己該去哪裡？還可以去哪裡？

終於你意識到了事實，他走了，而你失去他了。
雖然你並不願意接受，但你知道他似乎永遠都不會回來了。
真慘，這種時候。你居然還活著。

在愛中，我們都「異於常人」

某天我在廣播裡聽到作家朱天心的分享，我大約記得，她是這麼形容喜愛文學創作的人：「他們總是那麼激動地說著自己的看法，好像總有許多異於常人的感受。」

當時我正開車前往上班的途中。聽到這段話時，在擁擠的車陣裡，我忍不住笑了。呵呵，多麼貼切的形容。喜愛文學的青春年華時，對什麼事情都充滿纖細的感受，好像神經病一樣。

但我也想引用這段話來補充：其實非從事文學創作的人，也有一種時刻，會擁有許多真真切切的、異於常人的感受——那就是當我們「失愛」的時候。

這些年來，每次接受訪問，談到當初自己為何踏入探索人類心理的行業？我總嘗試要說出什麼偉大的背景故事。但說穿了，我現在之所以能活在自己喜愛的工作與生活裡，並不是因為曾經有什麼偉大的理想或夢想，而只是因為一段段失愛的挫折所促成的。

失去的末日感，對終生幸福心生絕望

所謂「失愛的感覺」，是相對於「擁有的感覺」而來的。

因為你曾經覺得自己擁有什麼，所以當你失去了這種「擁有的感覺」，就好像汽車少了某部分的零件，不知道自己該如何照常運轉。

就如同我當年所感覺到的：你和某人在一起的時候，以為自己的世界被拼湊完整，於是等到他離去的時候，你心底產生一種歇斯底里的聲音：

「完了！真的完了！我的人生再也不可能像之前那樣了！」

特別是，當你以為自己真的很愛他，而這個人又被想像成美好的模樣……

那個時候，也許你會覺得：這輩子我再也不可能遇到這麼美好的人，再擁有這麼美好的時刻了。

然後你想到自己失去他，頓時可能有一種感覺，好像全身的電力都被抽空了。

從今以後，你再也不能愛了。

在失愛的黑幕中，看到真實的自己出場

你看看我當年失愛的時候，做了什麼蠢事？

我就這樣坐上復興號列車，從台南車站一路坐到台灣北端的盡頭，然後下車，再換上往南的列車，從北端坐到南部車站的盡頭……

我幾乎忘了那天坐火車坐了多久，忘了怎麼回家，也忘了自己流了多少眼淚。

曾經在生命某個幡然醒悟的時候，我覺得那一刻的自己像個白癡一樣。但後來我只想給自己一個讚賞……呵呵，這麼沒有計劃的事情，又何嘗不是生命中一份相當重要的冒險呢？那個經驗教會了我，原來人是這麼有能力，又能「充滿創意」地處理自己的悲傷。

某次，有幸邀請電影《極光之愛》的李思源導演到我課堂來演講，他也提到「失愛」之後的行為。之於我的「火車之旅」，他則是坐在電視機前面，一刻又一刻凝視著螢幕中

反射出來的自己。

結束「車站旅行」後，我又過了好長一段遊魂般的悲傷日子。

那段時間，我總是將失重的自己交給家裡的地板，就這麼放任自己躺在它冰涼的懷抱裡，用空洞的眼神凝視著平凡無奇的天花板。

某天，我好像「悟道」了一樣，自己起身去刷牙、洗臉，化妝、換衣服，然後漫步到書局去逛街。

我沿著書櫃的第一格向下看，一本書的標題吸引了我的注意——《意義的呼喚》——那是存在主義心理治療大師維克多．法蘭克的自傳。

翻開沒幾頁，我就看到了這句話：「那些殺不死你的，將使你變得更堅強。」

嘖，這句話一入眼，我就像被充滿能量的靈魂附身一樣。原本身體裡不能動的地方好像開始準備啟動，曾經死去的地方，好像也有了那麼點重生的跡象。

後來我才明白，也許生命中每一個失愛的時刻，都是我們得以徹底淨化自己心靈的機會。這種將心裡的一切洗白的感覺，固然讓生命失去方向，卻也因為心裡空洞洞的、什麼也沒有，與你心靈真正契合的，才會在某個偶然的時候，進駐到你心底。

榮格說，這就叫做「生命的轉機」，當你能「挺住」，沒讓那些低潮擊垮你，隨之而來的就是一連串意想不到的轉變。

那年，我轉換跑道，報考了心理諮商研究所。

大學成績原本很差的我，竟考上五間學校。我選擇了其中最北邊的學校就讀。

然後我成了今天的模樣——感到生命幸福美好的我。

電影《艾蜜莉的異想世界》裡頭有一句話說：「我們曾經以為愛得很深、很深。歲月卻讓你知道，它不過很淺、很淺。最深和最重的愛，必須和時日一起成長。」

不管是很深的愛，還是很淺的愛，擁有和失去，原來都能成就人生的美好。

失·愛·診·療·室

為何「心痛」時，無法好好「思考」？

榮格說，我們的心理活動有四種功能：「感覺」的功能，它會告訴我們某種東西的存在；「思考」的功能，會告訴我們那個東西是什麼；「情感」的功能，會告訴我們那是否適宜；最後是「直覺」的功能，會告訴我們那從哪裡來、往哪裡去。

借用這樣的說法，我想談的是，當我們面臨生命中某些「衝擊」的時候，大腦的運行會彷彿斷了線。這讓我們變得難以運用「思考」和「情感」的功能，而更容易使用「感覺」和「直覺」的功能。

想想，那會是怎麼樣的景況？

我們會知道某些「感覺」（例如：痛苦）的存在，卻沒辦法啟動「思考」，明辨那是什麼？

沒辦法運用情感，判斷那是否適宜？我們可能會困在某些既有的「直覺」裡（例如：啊！這關我過不去了！），然後把所有周邊的人事物和「直覺」扣在一起。

所以即使夢到可愛的小黑貓，我們仍會將其解讀成象徵「悲慘不已」的未來。因為心裡的「直覺」，如此引導著你的「相信」，然後趁「思考」和「情感」無法好好運作的時候，就此欺騙你的心，讓你以為世界從此以後永無光明。

但有一天你會明白，情感和思考也許會暫停，卻永遠不會離你而去，除非你自己先選擇放棄。

「不管是很深的愛，或很淺的愛，都是成就人生美好的淚珠結晶。」

——回應電影《艾蜜莉的異想世界》

同場加映——
電影介紹《艾蜜莉的異想世界》

還清遺憾的債

「我失去了少女時代，真的，
但是它卻給了你。」

——《絲絨金礦》

歷經多次分手經驗後，我開始留意到「遺憾」的後座力；當我進入心理諮商工作後，更發現我們在協助當事人處理的，也常常是「遺憾」的感受。

嗯，我該如何描述這種「遺憾的情感」呢？那裡頭夾雜著：怎麼沒有好好把握的後悔、怎麼努力都沒辦法達成心願的憤怒、怎麼可以做出某些事情的悔恨、還有什麼都沒辦法改變的無能為力……那是一種相當混亂的情感，好像你的胸口變成一座活火山，時不時會炸出或大或小、或玉石俱焚的花火！

倘若遺憾不只存在你胸口，還啃蝕更深進入了你的靈魂，你可能會開始覺得，這世界上也許沒有一個能夠讓你容身的角落。但你又知道自己不能就這樣拋棄生命，因為有趣的是——也許你的存在，沒有多少人會真正在意，但你的離去，卻肯定會對別人造成創傷。

於是善良如你，即使活得多麼狼狽，也只能繼續馱著心頭沈重的感受，在生命的路上匍匐爬行，等待明天降臨。

一天又一天，直到你氣力燃燒殆盡的那一刻，也許這一切就結束了吧？

是吧？

聆聽過無數個遺憾的故事後，我開始體會到：也許遺憾的情感之所以那麼難以處理，正是因為這種情感裡頭，其實堆疊了各種成長中大大小小的失望與創傷。

我們所能做的，就是抓緊每一次深感遺憾的機會，勇敢地走到感覺核心，細細將它拆解，才有機會理解自己真正在意的是什麼，而非活在一團迷霧當中，無能為力。

於是，我將所聽過的遺憾這麼歸類：

有一種時不我予、緣分未到的遺憾——是「錯過」。

因為你希望遇到「天時地利人合」的最佳組合，可惜卻始終沒等到這麼完美的一刻。

有一種擁有時做了些什麼而導致失去的遺憾——是「後悔」。

因為當初擁有卻沒有好好對待，所以你總是為了「無法挽回」而感到愧疚。

有一種因為不想改變現狀而不敢勇於追求的遺憾——是「捨得」。

因為你只敢「過得好」，而不敢貪求「過得更好」，所以心頭上總有那麼一點淡淡的想念與哀愁。

有一種沒有勇氣改變生活困境的遺憾——是「壓抑」。

因為你已經讓「不夠好的生活」成為一種必然的習慣，所以你的夢想總是「躺在夢境中」，而無法真正「活在現實裡」。

還有一種怎麼努力都無法阻止失去的遺憾——是「哀悼」。

你明明盡力了，卻還是永遠失去了，而你怎麼樣都很難面對這份逝去。

好了，現在能否換你告訴我：過去你覺得自己留不住的愛，是屬於遺憾的哪一種？

彼此告別轉身之後，就兩不相欠了

當我這樣將「遺憾的感受」區分層次後，我開始發現：

在年少的青春歲月裡，我們往往對「完美」有所憧憬，對「直接表達」有所渴望，所以我們特別容易因為挑剔而「錯過」，因為被情感左右行為而「後悔」——這是性格和想法上的問題。

等到我們漸漸學有所成，我們反而比年輕時更加退縮保守，所以開始有了「捨得」的兩難與哀愁，或掉進「壓抑」的自我說服中——這是缺乏勇氣的問題，也是不願相信自己的問題。

最後是那種「盡力了也無法阻止失去」的「哀悼」的遺憾。這種層次並不是人人都能達到，因為大部分我們所說的「努力」，其實都還不夠「盡力」。所謂的「盡力」，並不是站在自己的角度去考量，而是真正能影響別人情感的一種給予。

捫心自問：你內心的遺憾，真的是有必要「哀悼」的遺憾嗎？

我曾經將自己過去的每一份愛拿出來細細數過，結果我發現，也許我還真沒有「哀悼」的資格。在那之前，我更需要面對的，是自己性格、想法，甚至是勇氣上的問題。

如果你和我有一樣的感受，也許你該慶幸自己還沒到「哀悼」的那個遺憾層次……這代表你可以掌控與改變的，實在還有太多、太多了。

然而，如果是真正盡力後卻仍舊失去的、需要被「哀悼」的遺憾呢？

那麼，就請細細地數算，你曾經有多麼努力吧！

你會發現，曾經被你如此對待與愛過的人，他對你曾經的相處肯定充滿感謝，而且不管他現在人在哪裡，想必都對你充滿祝福。

然後，就請進展到「闊別」吧！

因為在每一種遺憾的感受中，如果你願意細細品味，都會發現自己其實擁有許多可以改變的能量，或者看見，原來自己也是一個如此有愛的人。

所以你勢必也能在未來的生命中，創造更多擁有。

不了解遺憾之前，是你讓過去的事件，限制了現在的自己，無可自拔。

被了解過後的遺憾，則是一種「願意向過去說再見」的雅量。

正如同電影《絲絨金礦》裡的感嘆：「我失去了少女時代，真的，但它卻給了你。」

同樣的，那個在你遺憾經驗中的每一個主角，又何嘗不是把他的青春年華，奉獻給你的回憶呢？

說再見之後，你們就誰也不欠誰了。

那些未竟的殘念：和自己心裡的遺憾對話

心理學家說，在愛情中，熱情並不是我們「要去爭取」的東西，而是自己「能夠付出」的東西。所謂愛情的缺憾，便是你遇上一個無法接納你熱情的人。

用心理學的語言來說，我們稱這種心理缺憾為「未竟事務」。

對那些「未竟的遺憾」，一一擁抱告別

「未竟事務」的概念出自於完形心理學，它認為人的心理狀態是一種「背景」與「形象」的切換——當你有所需求時，內在會產生一股動力進入當前的心理「形象」中，等到這個動力被你所接收完成了，就會退回到「背景」裡。倘若接

收動力的過程遭遇阻礙，這些無法被完成、滿足的動力，便形成「未竟事務」，帶著某些殘存而未被覺知的情感，徘徊在內心世界的邊緣。

在我的經驗中，我們內心的「未竟事務」之間彼此又有所關連。你可以這麼想像：在我們內在有一個異度空間，專門收留這些過去尚未解決的情感；而這些未竟的感受又會在這個空間裡相互歸類，堆疊成各種大大小小、內容各異的生命議題。它們如同漂浮在心海中的碎片一般，經過些許擠壓就會進入我們的現實世界中。

然而，這個心理空間就如同一個無法掌控的黑盒子，我們自有一個保護機制會阻隔它和外界的接觸，倘若你把這個空間關得太緊，從你生活中沈積下來的「未竟事務」可能會積累到一個瀕臨爆炸的狀態，或造成你的情緒爆發，或造成你身體上的損傷……也就是說，除非你保持未竟空間與實際生活的管道暢通，否則對身心健康容易產生威脅。

所以，在心理諮商裡頭便有一種處理「未竟事務」的專業技巧：空椅法。

我們利用「空椅子」之類的具象物，引導當事人進入那些缺憾關係中，並且進一步和這個缺憾的人事物「對話」。

這個技巧告訴我們一個相當重要的道理：當你心裡有所遺憾，一定要想辦法把它表達出來；當你心裡還有尚未表白的情感，也一定要想辦法把它說出來。

不論是透過寫一封信、打一通電話、面見一份具有紀念意義的物品、到達一個值得你思念的地方……你總會找到和遺憾對話的管道。

「他又何嘗不是把他的少年時代，奉獻給你的青春記憶呢？」

——回應電影《絲絨金礦》

同場加映——

電影介紹《絲絨金礦》

you

lost

Chapter IV

心失事後の甦醒。

從「我和我」到「你和我」。

love

當我想起你，心還會被觸動……
後來才明白，每一次的分手，
是為了看見自己心裡真正的傷口。
學習當一個好的愛人，
不再被最愛的人所傷，
更永遠不再傷害最愛，
告別這一世的傷痛與寂寞。

lonely

myself

喚醒曾信仰愛的靈魂

「如果有兩條路，一定要選艱苦的那條，
它會把你最好的那些東西給榨出來。」

——《喜馬拉雅》

人活著本身，有時是一種「找尋」，有時是一種「追尋」。

所謂的「追尋」，就是有了目標後，我們只要直直地朝那個方向前進；「找尋」則更為辛苦，因為我們連方向在哪裡都還不清楚，就要先經歷一個「找」的歷程，才能進展到「追」。

生命的本質就是這樣：找尋具象的功課、工作，找尋抽象的愛、具體可以愛著的人。回顧你生命中的每一段愛與失愛——由此可以一一看見，當時的你是在「找尋」，還是「追尋」？

初戀的震撼，讓你認識了生命的本質

前些日子，電影《極光之愛》上映的時候，我去看了特映會。那一場特映會的觀眾，都是應主辦人邀請而來的老朋友，平均年齡我想是大於四十歲了。

滿座的戲院裡，這麼多人生已然走了一半、或身旁端坐著婚姻伴侶的成年人，大家卻湊在一起看這場關於「初戀」的故事。

當電影播到中後段，我後邊的座位開始發出悉悉簌簌拿面紙的聲音，接著整個電影院中有越來越多人無聲地哭著（我也是其中哭花了臉又不敢出聲的一員）。

於是我明白，原來初戀故事所引發的震撼，讓我們好像突然更認識了自己，也更認識了生命。

那是一種回歸初衷的認識。愛的初衷，或許就是我們最肯定「追尋」的初愛時刻。

第一次，遇見「我想要成為的那個人」

初戀的時候，我喜歡班上那位功課很好的男孩。他是班上的幹部，我印象中的他，總是靜靜地扮演他的角色，默默地將老師交辦的任務處理好。

上課無趣的時候，我喜歡偏著頭看他認真的側臉，他認真地望向黑板上的粉筆軌跡，手上的筆桿也用一種穩定的速率記下一切。偶爾他會把眼神投向我，頂著下巴、眨眼睛暗示我：老師正在講解重點！

然後我會溢出一種發自內心的微笑（那種此生只有自己知道的微笑），專注地回到自己的學習上，彷彿他就坐在我身旁，有人陪著我上課。

於是，我的學習態度也因為他的認真，不知不覺跟著認真了起來。

那個年代的同儕，對男女間的這種現象似乎特別敏感，所以我們兩人之間微妙的互動很快就在人群中傳開來。

「羞羞羞，談戀愛！」那時同學虧你，朋友虧你，有時連師長都會虧你。

但我們心裡總是好得意。呵呵，是啊！這就是「談戀愛」！

而且我們說得出自己喜歡他的地方，說得出那些讓人心動的小事……

初戀的時候，我們似乎比任何時候都更清楚自己要什麼。即使你沒辦法具體形容，但感覺卻很篤定——就是這個人了。

我想那是因為，在初愛的那一刻，我們其實都明白自己想成為什麼樣的人。

由於「物以類聚」效應，你也喜歡上你想成為的那種人。

所以在初戀的時候，我明明還只是個嚴守校園髮禁，將髮絲剪到耳下三公分的乖女孩；即使帶著醜死人的厚片眼鏡，鏡片下的眼神，卻是帶著光芒的。

我喜歡這樣看著他的自己，也喜歡這樣看著我的他，即使這樣「村姑」的模樣，我仍然肯定自己內在的「時尚」。

我的人生踏實地在愛裡編織自己所要「追尋」的夢想。

然而，初戀在大部份人身上，好像就這樣無疾而終了。

那個最痴、最傻、因為一個微笑就能滿足的年代，在不經意的時候就這樣離我們遠去了。在生命中取而代之的，往往不是這些單純就能留下的美好，而是那些最令人痛心疾首的時刻。

在那個穿著及膝裙上學的年代，我還記得那時自己跟著一群女孩優雅地走上階梯。後面忽然趕上來一群男生，其中有個男生蹲到我裙子旁，望著我的小腿問：「妳是不是變胖了？腿好粗喔！」

雖然平素優雅，但聽到這話的我，臉當場綠掉。一旁的好友連忙打槍那臭男生：「干你屁事啊！你吃飽太閒喔！」接著一群人追打嬉鬧跑上樓梯，留下我一個人還呆愣在「事發現場」。

好吧！被男同學說話損幾句就罷了，誰知那天回家後，好久沒一起吃晚餐的父親剛好提早回家，餐桌上，他望著我的手臂，也突然冒出一句：「最近是不是胖了啊？我看妳還是少吃一點。」母親聽完這話也望向我，既沒回話也沒接話，只是原本勸我多吃點菜的舉動倒是停了下來。

要知道「三人成虎」，一個男同學講的絕不是真理，但一天連被開個三槍，這肯定是一個事實。

這時，飯也吃不下了，我趕緊溜回房間，馬上拿出捲尺來量量自己的腿圍一看，多了一公分？什麼，腿圍粗了一公分！

少女心頓時發出碎裂的聲音。漸漸地，我不再走在女孩群的最後面了，省得哪裡又衝來一隻冒失鬼，對著你品頭論足。接著我就開始成為「外貌協會」一族——越來越喜歡看帥哥，也越來越喜歡和正妹交朋友。

曾幾何時，我開始忘了那個端坐在課桌椅上，認真望著黑板的初戀身影，忘了那個因為認真投入某件事情，就會感到踏實滿足的自己……

我曾經有想要「追尋」的夢想，有自己想要成為的模樣，每當我回想起自己逝去的初戀，就能感受到自己生命的初心。可惜在「初心」還不夠穩定的時候，我並沒有做出更多的努力，讓它變得更加堅定，我背叛了自己，認同別人希望我該成為的身影。

原本可以好好「追尋」的我，重新回到「苦苦找尋」，找尋適合自己的愛，但其實這也是在找尋，最初那一刻的自己。

一個可能因為經不起尋愛的磨難，暫時沈睡了的自己。

電影《喜馬拉雅》裡頭有一句經典台詞：「如果有兩條路，一定要選艱苦的那條，它會把你最好的那些東西給榨出來。」

尋愛的路上，不管輕鬆也好、艱苦也罷，都別忘了最初的自己。那是初戀時傻傻衝撞、癡癡愛著的自己，即使到頭來一場空，都是一個最真的自己。

「找」到了，就勇敢「追」下去。

拋開「醜小鴨」情結，找到自己的幸福歸屬

《醜小鴨》是出自安徒生筆下的一個童話故事，大概內容是這樣的：

某天，農場裡的鴨媽媽生了幾顆蛋，其中一顆特別巨大奇特的蛋引起大家的好奇，在其他小鴨都已經孵化出來後，這顆蛋仍然沒有動靜，好不容易蛋殼出現了裂痕，裡頭卻誕生出一隻長相怪異的「醜小鴨」。

醜小鴨在農場裡遭到其他動物的嘲笑與欺凌，甚至連鴨媽媽也因為鄰居的嘲諷而放棄醜小鴨。於是，可憐的醜小鴨只好一個人逃離出生的傷心地，開始前往一個又一個地方流浪。牠在旅程中遇見擁有優雅翅膀的小天鵝，自卑的牠仰望著那些小天鵝，卻不敢踏出友誼的腳步。之後，醜小鴨在流浪中歷經嚴酷的寒冬，幾度性命垂

危，牠卻在掙扎裡生存了下來。

等到冬去春來，花草樹木重新長了出來，醜小鴨又在池塘邊遇到那群優雅的小天鵝……這時，神奇的事情發生了，那些美麗的小天鵝居然朝牠緩緩而來。直到牠朝著湖面一望，才發現自己不知何時也長出，如同牠們一般的白色羽毛。

是的，醜小鴨不是小鴨，牠是一隻不折不扣的天鵝——牠終於找到自己的歸屬。

榮格學派資深心理分析師埃思戴絲博士曾表示：《醜小鴨》的故事是一個普世的主題，它反映了你我心中都存在某些「天然的野性」，等待生命中某些「放逐」（自我放逐，或被放逐）的經驗，才能淬鍊出屬於自己的本性。

在這個淬鍊的歷程中，你可能會浮現下列的心理狀態：

缺乏的不足感

通常這種「缺乏」的感受是來自他人的誤解，而非我們本身的過錯。就像醜小鴨之所以為醜小鴨，是因為牠原是一隻被放錯位置的天鵝。

自卑的被棄感

這通常出現在失敗的融入經驗後，特別在學齡、青春期的時候，我們想盡辦法要融入群體，卻遇到挫敗。但醜小鴨的故事告訴我們：可能你想融入的群體並不真正適合你，「無法融入」反而讓你守住了自己的本性。

艱困的生存感

每個人或多或少、或早或晚都會遇到困境，但醜小鴨的故事告訴我們：因困境而離開常軌、自我放逐，是為了讓自己前往更適合你的地方；在尋覓的旅程中，讓心靈達到更深的清澈度。

鍥而不捨的本能

不論被愛與失愛、人生或好或壞，生命中沒有一刻值得被我們遺忘，因為故事未到終章，你永遠不明白每個時刻會對生命帶來什麼樣的意義。

捨愛又失愛，失愛又捨愛的經歷，本身即是一個這樣的過程。但只要你能一直走下去，就一定能從「醜小鴨變天鵝」，因為你本來就是天鵝。

在那一天來臨之前，你只是處在「錯認自己或他人族類」的心情——想找回真實的自己，你只需要一種「醜小鴨」的毅力。

「輕鬆也好、艱難也罷。你身上最好的東西，也許就存在於初戀時，那個最真的自己。」

——回應電影《喜馬拉雅》

同場加映——
電影介紹《喜馬拉雅》

保有愛的彈性，找回幸福

「女人總是喜歡看得見的風景，
而對於男人來說，風景是在心裡的。」

——《窗外有藍天》

心理學家說：愛情裡頭最原始的欲望，是將自己渴求的人占為己有。然而，在進入到更深層的愛之後，我們的欲望卻會轉化成給予、給予、再給予。

當我看到你如此喜歡我所付出的這些事物時，我好像也因此感到歡愉。我開始因為你的享受而感到享受，我將我的感受也給予了你。

於是我心中對於愛的體驗，逐漸從「被動」接受，轉化為「主動」給予，當我變成「可以給予，也可以接受」的角色時，愛人與被愛的享受會讓這份幸福無限延續。

回憶起那些被判出局的愛

她和男人之間有一張非常奇特的「愛情守則」。內容如下：

第一，她說的都是對的。（嗯……這倒是很常見）

第二，她生氣的時候，男人不可以和她計較。（嗯……這也不難聽到）

第三，男人每天要自己反省，有沒有做出什麼會令她覺得「不快」的事情，並且務必誠實以對。（嗯……這點就頗為折磨人了）

果不其然，應付前兩條守則男人都分身乏術了，更為了第三條守則而每天戰戰兢兢。

於是，有次他和女同事外出吃飯而未事先報備，事後也沒有主動回報，她就從愛情裡把他fire了。

「男人都沒有一個好東西。」她說，並在酒吧裡猛灌自己一杯又一杯的烈酒。

酒醒之後，第一個浮現她腦海中的是爸爸的臉。於是她拎起簡單的行李，買了一張前往故鄉的車票回鄉。沿路盡是她熟悉的景色，以致她沈思時差點坐過了站。

下車後，她來到一家醫院，進門後的消毒水味讓她不自覺皺起眉頭，櫃檯裡一位護士親切地向她打了招呼：「來看妳爸爸嗎？今天天氣好，他在草地那裡曬太陽。」

她點頭向她致意，繞著熟悉的路，來到那片綠草如茵的草地上，遠遠就看到父親的輪椅停在一棵大榕樹下乘涼。她走到父親身後，接過看護手中的輪椅把手。

「爸，我來了。你今天好嗎？」她說。

父親沒有回答，只是傻笑。

她不禁覺得自己傻，父親已失智多年，哪能回應她的話呢？

於是她拿出隨身攜帶的乳液，在父親乾燥又瘦弱的手臂上開始塗抹。

「爸，我又甩了那男人了。我不懂他為什麼要騙我？」她說。

父親依然傻笑，抹上乳液的地方顯得有些發癢，他發出咯咯的笑聲。

「你要這樣到什麼時候呢？」看到父親的模樣，她忍不住有些生氣了，「為何你不像以前那樣對我板著一張臉，要像現在這樣癡傻的笑呢？」

年幼時，總是她癡癡地追著父親的身影，父親卻老忙著自己的事業，不太搭理她；沒想到父親這把年紀，願意將目光停留在她身上的時候，她卻常常覺得父親眼裡的人，並不是真正的她。

「我的人生為什麼這麼悲慘！」她哀怨地想。

遠遠地，她看見櫃檯那位護士，領著一個熟悉的身影，緩緩朝她走來。

「這樣可以算贖罪嗎？」在她還沒來得及反應的時候，他已經站在她的眼前。

是的，他就是才剛被她從愛情裡fire的男人。

不等她回應，他一把拿起她手裡的乳液，開始按摩她父親的手。

「伯父你好，初次見面，我是你女兒的男朋友。我今天問了很久才找到這裡，只為了想要告訴你女兒，我很愛她。還有，我不會離開她。」

父親對著男人笑了。片刻後，她默默拉過男人的手，在他手上也抹上了乳液。

「呃……」男人顯然不太習慣她這種「溫柔」。

「這是一種道歉。」她低著頭說：「還有因為……你今天表現很好，所以愛情守則以後要加上第四條：我也要每天反省自己的錯……對不起。」

電影《窗外有藍天》裡頭有一句話說：「女人總是喜歡看得見的風景，而對於男人來說，風景是在心裡的。」

然而有彈性的愛是這樣的：即使我喜歡看得見的風景，卻可以和你一同共享共度靜默時光的親密；即使我要將喜愛的風景藏在心底，卻願意陪你去追尋你想看的風景。

我們並未因此感到犧牲，我們甘之如飴。

什麼樣的愛最難挽回？

古時，有種駭人的疾病傳說，俗名「皮蛇」。這是一種免疫系統出問題所致的「帶狀性皰疹」，但過去因為沒有太多科學研究的相關報導，所以人們總傳說：當皮蛇長到繞滿身體一圈，人就會死掉。

在親密關係中也有一種「皮蛇」，著名的婚姻治療師葛特曼研究發現：當伴侶之間出現某一些徵兆後，這段感情也會開始走向凋零。

徵兆——「自動門時刻」與「遺憾事件」

這個典故出自電影《雙面夏娃》裡。電影畫面中的女主角正追趕一輛將要開走的列車，接著劇情分成兩條脈絡並行述說。其後女主角分別演出了「穿越自動門成功上了列車」和「因錯過被自動門隔離在外」的不同發展。

在親密關係中，也有許多這樣的「自動門時刻」。某些時候，你明明觀察到伴侶的神情，知道他哪些地方需要你，但你卻讓這些時刻一次次錯過，在彼此心裡形成一件件未完成的「遺憾事件」。

徵兆二——「蔡格尼克效應」與「消極詮釋」

葛特曼曾引用心理學家蔡格尼克的研究發現：在酒吧中，酒保會記得那些客人點過、但還沒送上的東西，但等到餐點到齊後，那些暫存心中的菜單就會被遺忘了，這在心理學中稱為「蔡格尼克效應」。它的意思是：人們會忘記已經完成的工作（因為完成，就得到滿足），但會記得那些還未完成的。

因此在上一個階段中所遺留下的「遺憾事件」，會成為被伴侶深深記得的未完成事件，然後轉為衝突時攻擊彼此的「舊帳」，並且導致關係進入一種「消極狀態」，讓伴侶用負面的心情解讀彼此的相處方式。

徵兆三——四種導致關係破滅的狀態：批評、漠視、防衛、輕蔑

我們先前曾提過，愛情是一種「仰望」的感覺，好像你很仰慕他身上值得欣賞的地方，以致你奮力想要追上。但在葛特曼所形容的四種讓愛凋零的狀態裡，恰好和愛苗滋長時的「仰望」狀態相反。

首先是「批評」，這是一種「我上你下」的狀態，充滿責備或挑剔毛病；其次是「漠視」，好像「你不存在我的視野裡」，我眼裡根本沒有你；接著是「防衛」，我感受到你對我的攻擊，而我只想保護我自己；最後是「輕蔑」，我打從心裡覺得，你根本就追不上我的腳步。

正如同身體上的「皮蛇」，雖然令人感到恐慌，卻不能不處理。關係中的「皮蛇」亦然如此，倘若情未斷，這些徵兆是告訴你：坐下來面對這份愛情中的「重病」。倘若情已逝，回顧這些徵兆則是讓我們理解：在未來的愛情裡，每一次的「自動門時刻」（產生遺憾的瞬間）都值得我們好好注意。

「主動的愛是這樣的：即使我喜歡看得見的風景，卻可以和你一同享受看不見的私密；即使我要將喜愛的風景藏在心底，卻願意陪你去追尋你想看的風景。」

——回應電影《窗外有藍天》

同場加映——
電影介紹《窗外有藍天》

犧牲，生而死而生

「就是因為你不好，
我才要留在你身邊，給你幸福。」

——《霍爾的移動城堡》

有時愛到了某些時刻，我們會遇上一些瓶頸，感受到某些對方讓我們失望的地方，突然間，我們會開始懷疑這個人根本不是我們理想中的對象。

這種狀態在心理學上有兩種解讀：

第一，你接觸到情人內在不可見的神祕特質，你也許不是真的對他失望，而是對此感到不習慣。

第二，你心裡其實十分矛盾，既要他這樣、又要他那樣，自己卻不自知，於是這些矛盾的想法就在心裡打轉……當對方接近你某部分的需要時，你反方向的需要又會突然出現。比方說，妳既希望他有紳士般的溫柔，又期待他能擁有野性暴烈的原始誘惑；你既希望她是個優雅美麗的維納斯女神，又期待她有時像蕩婦……

心理學家說，這是因為我們心裡的需要，本就有攤在陽光下的顯著部分、和根本不願曝光的隱藏部分。但這都是你，你得要花上一輩子去認識的自己——就如同你可能得要耗上許多青春，才能稍稍認識你的情人。

重點是，在這艱辛的過程中，你有信心走下去嗎？

向死而生的愛，刻劃出最好的你

我非常喜歡一個〈骷髏女人〉的故事。

那是一個失去了血肉、只剩下一幅骨骼的骷髏女人，被丟到深海裡乏人問津的故事。

她每天在深海裡過著不知天日的生活，直到某天，一位年輕的漁夫來到她所在的海域捕魚，恰好魚鉤鉤到了住在深海裡的骷髏女人。

骷髏女人驚慌地反抗，漁夫卻以為自己補到大魚，拼命地拉扯。等到他把骷髏女人拉上海面後，卻被骷髏女人的模樣大受驚嚇，頭也不回地往自己居住的小屋奔跑。

誰知道這個笨漁夫，要跑也不知道要先把鉤子解開。於是他一心想要躲開的骷髏女人，就這樣被他拉扯著，經過叢林土地，搞得渾身骨頭移位、被樹枝小石子挫傷她脆弱的骨骼……

當漁夫跑回家後，關上門，才發現自己幹了什麼蠢事——他居然拉著可憐的骷髏女人一路奔跑。

這時，漁夫突然對無助的骷髏女人產生了憐憫之心，於是他忍不住伸出手，將骷髏女人身上的水草、雜石一一除去，並且把她身上每一個錯位的骨頭擺回正確的位置。他就這樣悉心照料了好長一段時間，最後他在已經修復的骷髏女人身上蓋上一件毛皮，累得躺到床上就立即睡去。

漁夫睡去後，骷髏女人從地上爬起來。她看到睡夢中的漁夫，他的眼眶裡居然因為夢境而落下了淚水，於是她不禁將自己的嘴湊到他眼眶旁，大口大口吸吮他源源不絕的淚水。之後，她趴到他的胸口，挖出他的心臟做成一副大鼓，並在心鼓上敲打出樂章，就這樣唱著敲著、唱著敲著……直到她原本貧瘠的骨骼上長出了血肉與毛髮。

最後，她成了一個有血有肉的女人。

好了，故事說完了。最後的結局並不是這個故事的重點；漁夫和骷髏女人「相互協作」的歷程，才是所有愛情故事中最深刻動人的地方。

心理學家稱這個歷程為：生而死而生。

當你愛上一個人時，你的世界頓時生動了起來；但愛得越深之後，卻必然遇上某些瓶頸，讓你覺得彼此的愛在某些時候如同死去了；直到我們找出彼此犧牲、相互淬鍊的方式，愛又在我們之間活了起來。

生，而死，而生——是恆久真愛的基礎。

當我們不再互相傷害，就學會了愛得成熟

當我提筆寫到此刻，回顧起前面每一段失愛故事，回想起自己的每一次失愛歷程後……我的感受亦是如此。曾經挫敗的、不甘心的、覺得被誤會的、放不下的……原來都只是愛情中必然死去的過程。

我想起自己和老公交往之前，他的一位好朋友（恰好也是我前男友的好朋友）對他說：「你確定要和她在一起嗎？我不推薦耶！」

當老公告訴我這件事的時候，我既有想鑽進地底下的羞赧，也有想要衝去找好朋友算帳的衝動。

但後來我終於明白，不管我曾經如何去愛過，所有好的、壞的，都是我。所作所為，

也都是當時最好的選擇。我們又何必拚命拿現在的自己，去檢視當年的自己呢？那些曾經失去的愛，都已經走入永久珍藏的愛情墓碑中，我們又何苦將它想像得這麼不堪呢？

所有痛苦不堪的過往青春，都是為了讓我們勇敢地去面對，黑暗中的自己。

然後改變自己：這輩子再也不被最愛的人所傷，也永遠不再傷害最愛的人。

電影《霍爾的移動城堡》裡頭的台詞是這麼說的：「就是因為你不好，我才要留在你身邊，給你幸福。」

這句話不光是說給情人聽的，也是我們要對內心的自己說的。

於是我們跟著心裡的直覺，留在那個願意和你一起改變的人身邊，有信心地朝著重生的方向前進。那是「我」和「你」未來要共同建構幸福的方向。

失·愛·診·療·室

「深入彼此靈魂的愛」七階愛的修行

心理學家埃思戴絲博士以一篇「骷髏女人」的故事，提出了「生，而死，而生」的愛情歷程，並描述了七個重要的愛情階段，來說明兩個相愛的人如何邁向「深入彼此靈魂的愛」。

階段一——「撞遇」寶物：遇到他，你覺得自己挖到了寶

如果人心多是孤獨的，那麼「愛情」就是一個重要的媒介，幫助我們了解孤獨的深義（也就是那些未知的自己）。所以說，愛情對象就如同一副開啟我們心靈的「鑰匙」，是生命中一份相當重要的寶物。

遇到這樣的對象，你會覺得自己和以往有所

不同，你心裡會有一種發自內心的欣喜。這便是埃思戴絲博士所說的感覺：「你挖到了一件寶物。」

階段二——容許追逐和躲藏

因為愛情會激發許多人心的黑暗面（死亡本質），所以當我們跨足愛情的領域時，有時會有種「被嚇壞了」的感覺。舉例來說，你不知道自己是個很會唱歌的人，但談戀愛之後，卻突然跑到情人窗前去唱情歌，想想，那是不是有點驚悚？

因為愛情會帶出黑暗中潛在的我（不見得是「不好」的我，比較像是「不常用」的我），讓我們懷疑對方是不是施了什麼魔法？或者可能讓我們一時之間想要躲藏起來。在「生，而死，而生」的愛情歷程中，你會逐漸明白、並容許這種感受的存在。

階段三——對彼此的黑暗面向產生同情心

如果你已可以不再為「從此幸福快樂的愛情」所迷惑，那麼也許你就多了一點同情心，因為你了解到每個人心裡都有一些還未釐清與想通的糾結。

「同情心」對情人之間能否相互了解相當重要，那是一種「心理位置」轉換的彈性——在愛情的狀態裡，你仰慕、欣賞並追逐著對方的身影，但遇上他脆弱的那一面，又會產生「想停下來扶他一把」的心情。

階段四——推心置腹的勇氣

埃思戴絲專士認為，當愛情到了這個階段，我們應當信任愛情即將帶領自己前往的地方。「即使」我們曾有痛苦、曾受傷害、曾害怕無法掌控，我們仍能在這種狀態中，學習信任並且愛一個人。經歷了將彼此當成寶物的珍惜、坦露自己真實面的躲藏、對彼此黑暗面的同情……之後就是「一躍而下」的勇氣與魄力了。

階段五——分享過往悲傷與未來夢想

心理學家將潛意識形容為深不可測的冰山，露在海面上的只有區區一角。那麼，在這個階段裡，我們便要行使愛情最大的潛能——「探索彼此，自我探索」，將對方內在沈睡的部分，拉上意識的水平面。

這個階段讓我們開始可以相互傾吐更真實的情感，以及在他面前忘我地流淚。如同嬰兒靜靜依偎在母親懷裡哭泣的感覺。

階段六——獻出完整的心，以交換更寬廣的生命

在「骷髏女人」故事的結尾，她挖出了漁夫的心臟做成大鼓，並在鼓聲中漸漸成為一個有血有肉的人。埃思戴絲博士認為，這是因為當伴侶獻出了自己完整的心，就會變成彼此生命中的啟發者，啟動自己和愛人的心靈開始轉化。但「骷髏女人」的血肉是長在自己身上，我想，這就是愛情中，我們學習真正獨立的象徵。

我看過許多令人稱羨的伴侶，並且觀察到他們關係的共通特質：他們時而黏膩、時而遠離，但即使獨自在外頭冒險後，總不忘回到對方身邊，與他分享。他們會將外界獲得的養分，餵養彼此的心靈，讓各自的身心更加倍強大，連結也更深化。

這是經歷完整「生，而死，而生」的愛。不是宣誓「永不分離」，而是一種發自心靈的吸引力，超越距離地將彼此繫在一起。

在如此複雜的生命課題中，我們想要一輩子「愛而不失愛」，實在是一件難上加難的事情。愛情的真義也許不是最後能否修成正果，而是你在其中學到什麼。

「就是因為知道自己哪裡不好，所以才要留在自己身邊，陪伴內在的小孩找到幸福。」

——回應電影《霍爾的移動城堡》

同場加映——電影介紹《霍爾的移動城堡》

當我想起你，心還會被觸動

「能因為你而心碎將是我的榮幸。」

——《生命中的美好缺憾》

當愛的點滴談到尾聲，我總會想起阿宏和春天的故事。

阿宏第一次見到春天時，就認定未來要娶她「做某」。

就在阿宏要到臺北念大學之前，母親曾經在他隨身攜帶的包包裡，放上一枚用紅錦花布包裹著的翠玉手鐲。墨玉裡頭透著青色的光芒，在光線下煞是好看。

「這是送給你未來娶做某的查某囝仔。」母親說。（簡譯：這要送給你未來的老婆）

所以當阿宏第一眼見到春天的時候，就能夠想像到這個手鐲戴在她手上的模樣。

春天是文學院的學生，是在地的臺北人。同學們都說，像阿宏這種鄉下來的小子，她看不上。

阿宏不服氣。雖然他從鄉下來，可是從小飽讀詩書，女孩們都說，讀他寫的文章，都覺得春天的花好像要從那些文字中綻放。

所以阿宏每天都抄一首詩給春天。嫌中文的抄不夠，就抄英文的；覺得文人筆下的太狗血，就抄武俠小說裡的……

一開始，春天不太搭理他。每一封阿宏寫的詩，她都退回去，堆得他宿舍床上滿滿一堆信，但他只當這是愛情的考驗。阿宏查了春天上下課的路線，以及公車的班次，每天在那裡等她。有一次，春天禁不住這樣的糾纏，氣得把阿宏推下車，誰知阿宏卻抓著公車底盤的杆子不放，被司機拖行了幾十公尺，才被尖叫的路人給攔車停了下來。

那次的拼命，讓阿宏右邊的手臂被柏油路燒出了一片三度灼傷，膝蓋被石子割出了幾個沾血的傷口，耳朵差點就被割斷了……春天從車上衝下來，對著他又罵又打，說他真是太亂來、太不要命了。但那是春天第一次願意收下阿宏的情書。

阿宏幾乎是一口氣將堆放在床上的情書紙簍運去給春天，而春天就這樣一封一封看到天亮，看到把眼淚都流乾了，然後，她終於願意戴上阿宏母親的翠綠手鐲。

阿宏永遠忘不了那天，春天白皙漂亮的手上戴著母親的手鐲，和他一起回南部老家時，母親臉上欣慰的笑容——也還好那天有回去，因為隔沒多久，阿母就被診斷出肺癌，半年不到的時間，就放下一切、撒手人間。

一直到母親闔上眼睛的那刻，阿宏都看見她瞳孔裡映照著春天手鐲上的翠綠色光芒。

大學畢業後，阿宏被徵召入伍。好運地抽到金馬獎，要前往馬祖外島。搭公車離開臺北那天，阿宏從窗外看到春天追趕在公車後頭，直到她完全跑不動的時候，才揮動那隻戴著翠綠手鐲的手向他道別。

那時阿宏已被理了個大光頭，卻無法讓眼淚不流下來。

或許，那天眼淚流的是對的。因為那是阿宏最後一次，再看到春天深情的模樣。

入伍好一陣子後，阿宏依然保持每天寫信給春天的習慣。剛開始她還有回，慢慢地阿宏就失去她的消息了。

阿宏一個人被關在海上牢籠裡，死守著台灣海峽的另一頭，心裡寂寞地想著春天，像要發狂一樣，成天寄望海峽裡的水鬼可以飛天躍起，把他抓到春天所在的地方。

幾個月後，阿宏終於盼到了第一次返台假，他做的第一件事情就是立刻衝往春天工作的地方。

他站在太陽下，透過窗望著她工作的模樣，從日正當中等到夕陽西下，他看到春天緩緩走出大門，馬上興奮地衝上去……

「好久不見。」她先是愣了一下，「我等你好久了。」她說。然後從隨身攜帶的包裡，掏出那枚翠綠手鐲。

「這個……我不能收了。」她闔上包裹著手鐲的紅錦花布，「我們不能在一起了。」她把手鐲連同花布塞進阿宏手裡。

阿宏還沒來得及反應過來，就急忙伸手拉住轉身要逃跑的春天。

「為什麼？」阿宏問。

「沒有為什麼！」春天淡漠地說，連正眼都不願意看他一眼。

這時，門裡有個男人走出來，梳著油頭的他臉上帶著斯文的眼鏡，看到和阿宏拉扯的春天，將手直接搭到她的肩上。

「春天，他就是妳說的那個男人嗎？」男人問。春天點點頭，眼裡有一絲為難。

霎時間阿宏好像完全明白發生了什麼事。一股強大的怒氣和怨氣衝向他的胸口，就在無從思考的當下，阿宏已一頭撞往春天身旁的灰石大柱。

這時，路人議論的聲音、狗叫聲、尖叫聲四起……鮮血漫過了阿宏的雙眼，他的世界一黑，昏了過去。

醒過來的時候，阿宏人已在軍醫院，頭上纏著厚厚紗布。母親的手鐲則斷裂成幾片，被輔導長收在「證物」的袋子裡，貼上編號。後來，阿宏再也沒見過春天了。

輔導長可能怕阿宏用斷裂的手鐲自殺，再也不曾把手鐲還給他。住院期間內，阿宏被輔導長約談，被士官長狠狠修理。等他的傷復原後，因為「為情撞牆」事跡，讓營裡的弟兄徹底將他看不起。於是，阿宏在軍營度過最後慘無天日的時光，沒有人敢讓他拿槍，他卻要做盡所有最卑微的事情。

退伍後，阿宏靠著好文筆進了報社工作。他將從前寫給春天的情書改編成專欄，成了一名作家。然後遇上一位真正愛慕他才華的女子（因為阿宏和她在秋天認識的，所以他喜歡暱稱她為「秋天」），兩人結為連理。

不過阿宏依然不曾忘記過春天，忘記她在他人生最悲慘的時候，離他而去。

大兒子出生那年，阿宏以春天為腳本的小說得到了文學獎，賺了一筆錢。於是阿宏又回到當初春天工作、而他差點殉情的地方。

他敲了敲那扇熟悉的大門，一名帶著斯文眼鏡的男子出來開門。

阿宏一眼就認出了男人那雙手，是當初當著他面搭上春天的那雙手。

男人也微微一愣，馬上認出了阿宏，問他：「你來找春天嗎？」

阿宏看到旁邊好幾位同事聽到這話，都紛紛站了起來，向他靠攏過來。

「春天已經不在了。」男人說，「當年她把手鐲還給你的時候，她剛知道自己的羊癲瘋快病發了……」

男子拿出一小塊紅錦花布，裡頭包著一小角的翠綠手鐲。

「春天說，如果有一天你來找她，把這個交給你，你就懂了。」

告訴我這個故事的時候，阿宏說他突然有點想哭……但不是難過的那種……那種發自內心深處的酸楚，是一種深刻的理解與感謝。

是的，每每想起春天，他心頭總如此感受。他說，這代表春天在他心中存在的位置；而他更慶幸的是，他現在所深愛著的老婆秋天，也這般接納春天在他心裡的存在。

「我的生命，因為曾經為她心碎而感到榮幸。」這是阿宏想要告訴春天的。

然而他還有一句話，想送給現在的老婆秋天：「你對我生命中曾經心碎的接納，是我的幸運。」

失・愛・診・療・室

學習當一個「好的親密愛人」

在人生中，如果能遇上一位走進你心裡、與你共享祕密的人，就不用太擔心某些過往陰影浮出現實後，會引發難以想像的後果。通常，最能開啟這份私密空間的人——成年以前，是我們的父母；成年以後，則是我們的愛人。

「好的親密愛人」的特徵

容我借用心理學家溫尼考特的語言，將愛情中能夠分享我們私密空間的人，描述為「夠好的親密愛人」，他們具有下列的特徵：

其一，因為他沒有把你看成他的理想，而是想要走進你的心、了解你，所以當他看到你的黑暗面時，甚至會發自內心覺得好笑。

其二，當他在你身邊時，「你」並不用退位，讓「他」成為關係中的主角，你可以專注在自己的感受上。

「好的愛人」，會撫慰你最深的傷

讓我舉個發生在自己身上的例子。

那是一個工作忙碌過後的假日，我的注意力正集中在電視上一場歌唱總決賽上。在我最期待的歌手要出來獻唱之前，我特別交代兒子、女兒閉緊嘴巴，讓爸爸、媽媽好好聽歌。誰知歌手才唱第一句，女兒馬上急著要問問題，我隨即白了她一眼，大聲地「噓」了她一聲；她呆坐數秒後，便離開客廳進房間去。接著，兒子跟上姊姊的腳步，在女兒房前不斷敲門：「姊姊，姊姊，姊姊……」猶如打鼓聲一般，讓我失去了專心聽歌的興致。

於是我忍不住敲擊女兒房門，問她（嗯……應該是質問她）為何讓弟弟在外邊一直敲門卻不理他？她不是答應過我要好好照顧弟弟？（其實我何嘗沒有感覺到她的委屈，但當下卻好像容不下她的委屈。）

話說完，我就走了，等老公後腳進了女兒房間，女兒馬上放聲大哭，哭得像心愛的陪睡娃娃破掉了那麼慘烈。沒想到老公沒待在裡頭，反而轉身出來，我正想追進去，老公只說了一句話：「就讓她哭一哭吧！」阻止我進房打擾她。

於是我就這麼蹲在女兒房門外聽著，一邊反省方才對她的態度，老公蹲在我身旁，看著我卻忍不住笑著說：「妳喔！真的跟小孩子一樣！」然後摸摸我的頭。等到女兒哭聲較為停歇的時候，他便進門與女兒進行私密對話的「父女時光」。

我一人獨自在門外，眼淚開始有些不聽使喚地往下掉。想起一幅熟悉的畫面：那是當年幼的我不被父母所理解時，一個人悶在被窩裡無聲痛哭的場景。但剛剛老公的那句話，卻全然理解並包容了一切。

於是，女兒在裡頭哭著，我也在外頭默默落淚——一個「好的親密愛人」（也是「好的父親」），同時用最簡單的溫柔，包容了一個大女孩和一個小女孩的情感。

沒多久，女兒笑著出來，牽著我的手，而我也站了起來，心裡開始浮現出母親撫慰她的能量。

當自己內在小孩被看見、被照顧到了，我們就會開始發揮成人的功能。

這是經過十年的失愛，以及超過十二年的愛的磨合，我和老公才淬鍊出的情感。

如果在每一次愛的痛苦與迷惘中，我們能學習穩定自己、與自己對話，那麼你會更明白自己在愛情中要的是什麼，並且學習著，成為彼此心中那個「好的親密愛人」。

「有人能接納我生命中曾經的心碎，是我的幸運。」

——回應電影《生命中的美好缺憾》

同場加映——

電影介紹《生命中的美好缺憾》

後記——好久不見

在諮商工作中看見許多互相折磨的例子後，這些年來，我對於「失愛」這件事有更多深刻的反省與體悟。

雖然曾經有人說：如果這世界上有人告訴你一個可以「從失愛中解脫」的祕方，你絕對不要相信他。我還是認為，「失愛」其實存在著一種可以依循的心理軌跡。也許心理學還沒進化到可以提出一個「沖脫泡蓋送」（燙傷處理的標準流程）的「失愛處理流程」，但絕對有一個比較符合心理狀態的做法，能讓我們好好整理傷痛，走向復元。

我用五個字來形容這段心理復原歷程：斷、捨、探、拾、離。

〔斷。〕

「斷」指的是先「切斷」與他之間的聯繫。這點和許多婚外情研究的說法一致——心理學家認為，要處理一段不合時宜的感情，最初的方法就是先截斷與對方之間的連結。必要時，你要盡可能讓自己別再接觸這個人；也許是換電話號碼、更換原本習慣的路線……以免在心理準備不足的時候，又「觸景傷情」。

〔捨。〕

「捨」指的是「捨棄」某些儲存了這份情感回憶的事物。所以有些人在分手後，會將屋子裡與對方有關的物品通通清出去；或者透過將這些紀念品一點一滴歸還給他的歷程，進行失愛後的「捨棄儀式」。

〔探。〕

「探」指的是「探索」被你清空的人事物的意義。在前一步驟的「捨棄」中，因為我們捨棄了許多過往事物，頓時你會覺得心靈上產生一股空虛的感覺。這種感受我自己曾有多次深刻體驗，那是一種甚至會令人懷疑生命是否無意義的孤單感。但只要你願意往心頭上的空洞向內探索，你會發現自己缺少的是什麼？比方說：一個可以陪你吃飯的人、一個能夠保護你的身影……那往往是你生命之所嚮，只是透過愛情加以展現而已。

〔**拾**。〕

「拾」指的是「重新拾起」被你清空的人事物。在這個階段，你會發現先前的「捨棄」憑的全是直覺，那時不管「想要」或「不想要」，都一概被心靈給屏除遺棄。但經過「探索」的歷程後，我們開始明白自己想要的是什麼，於是又重新去將它拾回來。

比方說：有些人分手好一陣子後，突然撥打電話給舊情人，就是一種「拾起」的舉動。但這裡你可以做一個簡單的自我評估：倘若，你沒有經歷過「探索」階段，這時的「拾起」其實就是一種「未曾放手」；但如果你確實經歷過「探索」階段，「拾起」時，不論對方反應如何，你都能獲得或多或少的「釋然」。

〔**離**。〕

「離」指的是「心理上的分離」。那是一種伴隨祝福的心情——曾經，我們在愛中互相埋怨、互相傷害……但隨著我們「切斷」、「捨棄」、「探索」，然後「重新拾起」，我們便為自己保留了一段青春回憶。當記憶永存心底，又豈會在乎人是否在身邊呢？

這是真正的「永恆之愛」。

經過以上歷程，我們開始理解到：其實愛的層次很多。只是年輕時，我們想像的愛也許較為狹隘而已。

「好久不見」，謝謝你愛過我

曾經，我非常喜歡陳奕迅的一首歌《好久不見》，歌詞裡頭這麼說著：「我多麼想和你見一面，看看你最近改變，不再去說從前，只是寒暄，對你說一句，只是說一句：『好久不見』。」

但現在，我更喜歡電影《神隱少女》裡頭所說的那句話：**「當陪你的人要下車時，即使不捨，也該心存感激，然後揮手道別。」**

是的，即使命運可能讓我們「無緣再見」，我們也開始有能力在心理上「揮手道別」；就算命運可能讓我們「有緣再見」，我們也開始有能力在實地相見時，能用一種「不忍打擾」的優雅，來表達我們的「心存感激」。

● 國家圖書館出版品預行編目資料

如果,愛能不寂寞 / 許皓宜著. -- 臺北市 : 三采文化, 2016.02
面； 公分. -- (Mind map ; 112)
ISBN 978-986-342-560-1(平裝)
1.戀愛 2.兩性關係

544.37 104029257

suncolor 三采文化集團

愛寫 06

如果，愛能不寂寞

作者 | 許皓宜
副總編輯 | 鄭微宣
資深編輯 | 劉汝雯
行銷企劃 | 張育珊、劉哲均
封面設計 | 藍秀婷、徐珮綺
美術編輯 | 徐珮綺
內頁編排 | 新鑫電腦排版工作室
攝影 | 林子茗

發行人 | 張輝明
總編輯 | 曾雅青
發行所 | 三采文化股份有限公司
地址 | 台北市內湖區瑞光路513 巷33號8F
傳訊 | TEL:8797-1234 FAX:8797-1688
網址 | www.suncolor.com.tw
郵政劃撥 | 帳號：14319060
戶名：三采文化股份有限公司
本版發行 | 2016年3月10日
定價 | NT$350

you
lonely

lost
love

you
lonely

lost
love